JN119619

けいはんな
KeiHanNa
RISE 歴史・文化講座
01
EXPO2025企画

「けいはんな」から日本史を考える——「茶の道」散歩

小路田泰直
奈良女子大学STEAM・融合教育開発機構特任教授

敬文舎

けいはんな
KeiHanNa
RISE歴史・文化講座

01
EXPO 2025 企画

「けいはんな」から日本史を考える——「茶の道」散歩

敬文舎

装丁・デザイン
竹蔵 明弘（STUDIO BEAT）

地図作成
蓬生 雄司

編集協力
田口 佑紀

編集
阿部いづみ

[写真所蔵先・提供]

p.44, 46　茨城県天心記念五浦美術館
p.96　法隆寺／画像提供：飛鳥園
p.130　妙楽寺
p.145　東京都江戸東京博物館
画像提供：東京都江戸東京博物館／DNPartcom
p.147　アドミュージアム東京
p.174, 175（上・中）　国立国会図書館デジタルコレクションより
p.175（下）　通天閣観光株式会社

目次——けいはんなＲＩＳＥ歴史・文化講座01——「けいはんな」から日本史を考える——「茶の道」散歩——

序文

二〇二五年、大阪および関西を舞台に万国博覧会が催される。「いのち輝く未来社会のデザイン」がテーマだ。ただし、このテーマは日々その意味・内容を変えている。

当初は、IR（統合型リゾート）を誘致し、あるいは先端技術（たとえば空飛ぶ自動車）を駆使して、心地よき近未来像を提示できればそれでよかった。しかし、IRの誘致がうまくいかず、さらにはコロナ禍で三年にもわたり世界の物流と人流が止まるという異常事態（パンデミック）に直面して、どうもそれだけでは人に、「いのち輝く未来社会」を実感させることはむずかしい、ということがわかってきた。やはり、人間社会の抱える負の側面にも目を向け、それを乗り越えるための施策の提示も必要だと思えるようになってきた。そこで勢い、地方創生やＳＤＧｓの達成などにも、より強く目を向けなくてはならなくなった。

しかし、取り巻く環境の変化はそれで終わらなかった。二〇二二年二月二四日、突然ロシアがウクライナに侵攻し、ウクライナ戦争がはじまった。「いのち輝く未来社会」を実現するためには、お題目を唱えているだけではダメで、それにともなって起こる激しい社会的摩擦と向き合わなくてはならないことがわかってきた。少なくとも、どうすれば今回のウクライナ戦争を終結に導くことができるのか、世界を新たな安定に向かわせることができるのか、それを語らずして「いのち輝く未来社会のデザイン」などありえないことがわかってきた。

そこで思い起こすのは、一八九三年にコロンブスの「アメリカ新大陸」発見四〇〇年を記念して開かれたシカゴ万博のことである。それまでの万博といえば、産業革命の成果を競い、国威を発揚するためのものであった。しかしその時以来、世界が抱える社会的課題を解決するためのものに変化した。

では、シカゴ万博が解決を迫られた課題とはいったい何だったのか。それは、迫りくる世界戦争の危機をいかにして回避するかであった。二〇年後に起こる惨劇が、すでに予感されはじめていたのである。ちなみにこのシカゴ万博を真似て行われたのが、一八九五年に京都で開かれた第四回内国勧業博覧会であった。こちらは平安遷都一一〇〇年を記念して開催された。

ということは、万博には、一〇〇年以上前から、じつは現代と同じようなテーマが課せられてきたことになる。ただし、第一次世界大戦も、第二次世界大戦も回避することはできなかった。ならば今度こそは、との思いをもって、世界平和の実現に向けての取り組みをすべきではないだろうか。

ただ大事なことは、ここは日本であり、大阪であり、「けいはんな」だということである。私たちに求められているのは、以上述べたようなことに対する、一般的な解ではない。ここでしか得られない解である。だからこそ世界中の人がわざわざ足を運んでくれるのである。

ということは、まず「ここ」は「どこ」か、「私たち」は「誰」かを考えるところからはじめなくてはならない。当然、それは歴史学の課題である。そして歴史の深みから、今回の万博に課せられた課題の解決法を探らなくてはならないのである。

なお、本書で「ここ」と呼んでいるのは、大阪というよりは、より広く「けいはんな」という語でとらえられる地域である。三つの古都、奈良（平城）・京都（平安京）・大阪（難波京）に囲まれた地域一帯を指す。旧国名でいうと、大和の北部・山城（山背）・河内の北部・摂津の北部の範囲である。国制上の畿内の範囲よりは少し狭い。要は木津川・淀川水系で結ばれた地域を指す。なお、本書では「平城京」という呼称は使わない。それは、長安城を長安城京というがごときであり、そのような呼称は歴史上存在しないからである。

難波宮も平城も恭仁京《くに》も長岡京も平安京も、皆この地域にある。まさに古代日本の「まほろば」の地だ。この国の歴史や文化を考えるのに、もっともふさわしい地だ。

その地域から、今、世界平和のために我々は何を発信すべきかを考える。

ところで、本書はこの一年（二〇二一年）、奈良女子大学STEAM・融合教育開発機構が主催し、関西文化学術研究都市にあるけいはんなプラザを舞台に行ってきた、次の四回にわたるシンポジウムのなかで、我々が思索を重ねてきた成果の一部である。

・第一回シンポジウム「平城から平安京へ　恭仁京の意味」（五月一四日）

［パネラー］

西村さとみ（奈良女子大学副学長）　古代遷都論の立場から

小路田泰直（奈良女子大学特任教授）　国家論の立場から

［コメンテイター］

斉藤恵美（奈良女子大学特任助教）「大仏について」

大久保徹也（徳島文理大学教授）「考古学から見た南山城」

・第二回シンポジウム「考古天文学と大和の景観」（六月一八日）

［パネラー］

北條芳隆（東海大学教授・奈良女子大学客員教授）「平原から纒向へ——日の出暦の移設」

白川美冬（東海大学大学院）「埋葬施設と太陽——朝日遺跡を中心に」

［コメンテイター］

西谷地晴美（奈良女子大学教授）

・第三回シンポジウム「木津川流域史からの日本史への問い」（七月一六日）

［パネラー］

小路田泰直　国家史の観点から

大久保徹也　考古学の観点から

斉藤恵美　行基論の観点から

［コメンテイター］

中川佳代子（株式会社国際電気通信基礎技術研究所〈ＡＴＲ〉事業開発室リーダー）

・第四回シンポジウム「大仏とは何か」（一〇月二八日）

［パネラー］
斉藤恵美「大仏論」
［コメンテイター］
小路田泰直「雄略朝の神々からの問い」

したがって今後もつづけて、パネラーやコメンテイターをお引き受けいただいた方々の研究成果が公表されることを祈念して、本書を僭越《せんえつ》ながら「ＲＩＳＥ歴史・文化講座01」（ＲＩＳＥ＝ＳＴＥＡＭ・融合教育開発機構）と名づけることにした。

関西文化学術研究都市に欠けているのは人文・社会科学の研究である、とは多くの人が口にするところである。しかしそれを補うことは、一朝一夕に行えることではない。地道な努力の積み重ねが必要である。本書がその積み重ねの第一歩にでもなればと思う。

奈良女子大学ＳＴＥＡＭ・融合教育開発機構　機構長　山下　靖
特任教授　小路田泰直

本書に登場するおもな場所

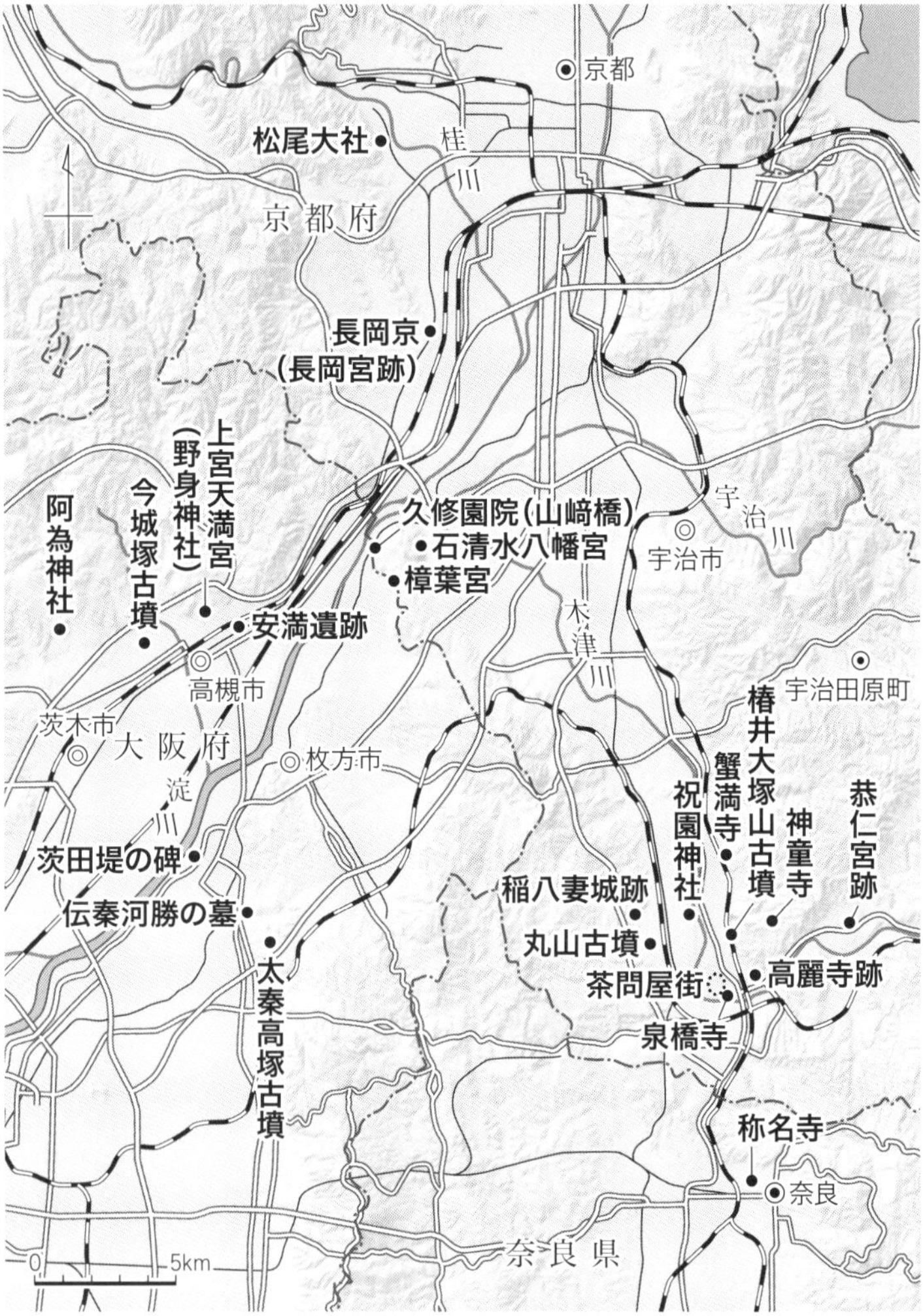
京都
松尾大社
桂川
京都府
長岡京
（長岡宮跡）
上宮天満宮
（野身神社）
今城塚古墳
阿為神社
久修園院（山﨑橋）
石清水八幡宮
樟葉宮
安満遺跡
宇治川
宇治市
木津川
高槻市
茨木市
大阪府
枚方市
淀川
宇治田原町
椿井大塚山古墳
蟹満寺
祝園神社
神童寺
恭仁宮跡
茨田堤の碑
伝秦河勝の墓
稲八妻城跡
丸山古墳
太秦高塚古墳
茶問屋街
高麗寺跡
泉橋寺
称名寺
奈良
奈良県
0
5km

けいはんな
KeiHanNa
RISE歴史・文化講座
01

第一章◎日本史の新しい見方——「けいはんな」の視座から

はじめに

我々は、伏見稲荷がなぜ伏見にあるかを問わない。通常、京都の周辺だから、で片づけてしまう。でも伝えられるところによれば、伏見稲荷の創建は平安京の建設よりも古い。だとすれば、伏見稲荷が伏見にあったから、その北の平地に平安京が建設されたといった言い方もできるかもしれない。

しかし、そのような言い方をする人はいない。皆、地域をとらえるとき、奈良とその周辺、京都とその周辺、大阪とその周辺といったとらえ方をして、逆に「けいはんな」という海の中に、奈良や京都や大阪が浮いているといったとらえ方をしない。どこまでも都市を中心に地域をみる。だから都市と都市に挟まれた、たとえば南山城《みなみやましろ》のような地域への関心を示さない。都市が拡大してメガロポリスになるという発想はしても、まず潜在的なメガロポリスがあって、そこに点としての都市が生まれるという発想はしない。

しかし、あとで述べるように、木津川・淀川流域に土木技術者集団が多数いたから、その水系が山間《やまあい》に入る手前の伏見に、彼らのシンボルである伏見稲荷はできたのであり、同じ条件が平安京を生んだとの仮説にたてば、後者のような地域のとらえ方も、またありうることになる。

そこで、ここでは「けいはんな」を、難波宮や平城や平安京が誕生する以前にすでに形成されていた一体の地域と見なし、その観点からこの国の歴史の見直しを図る。その一体の地域があればこそ、大化改新のときには難波宮が生まれ、八世紀には平城から平安京にいたる都が次々と生まれたと考える。

そしてそこから、今危機に瀕している世界の平和に貢献しうる新たな日本史像を紡ぐことができれば、と思う。

土師氏

「けいはんな」を貫いて流れる木津川・淀川は、川幅の広い大河川であると同時に、日本の川としては珍しく落差が小さく、流れのゆるやかな川である。だから昔から水運が発達した。

そもそも木津川の「木津」というのは、材木を荷揚げする港という意味であり、その名は体を表していた。藤原京建設のときも、平城建設のときも、建設用の材木は木津で陸揚げされ、藤原京や平城に運ばれた。

中世に入ると、東大寺が寺院経営に必要な材木を確保するために、伊賀国に黒田荘《くろだのしょう》や玉滝荘《たまたきのしょう》といった荘園を設けるが、材木の運搬に使ったのは木津川およびその支流であった。

しかも木津川・淀川は、単に水運が発達していただけではなかった。流域に多くの土木技術者集団が拠点をおく川でもあった。

その代表的な存在が土師《はじ》氏であった。土師氏といえば、垂仁《すいにん》天皇のときに出雲から迎えられた野見宿禰《のみのすくね》を祖とする、埴輪（土師器）の製造や、古墳の築造に長けた氏族であった。垂仁天皇陵（宝来山《ほうらいさん》古墳）の少し北には、隣接して土師氏の大和における拠点菅原《すがわら》村があり、古市《ふるいち》古墳群の真ん中に、野見宿禰の遠祖天穂日命《あめのほひのみこと》を祀る土師神社に端を発する道明寺《どうみょうじ》天満宮があることなどからも、彼らがいかに古墳の築造などに長《た》けていたかが推量される。

道明寺天満宮のすぐ近くの三塚《みつづか》古墳からは、古墳築造の際に用いられた修羅《しゅら》（石材運搬用の木ぞり）が発見されており、土師氏と古墳造りの関係の深さをうかがわせる。

ちなみに、天満宮の祭神菅原道真の菅原氏は、大和の菅原村に拠点をおく土師氏の一族が改姓して生まれた氏族であった。だから土師氏の氏神と天満宮はしばしば重なる。道明寺天満宮のような、天穂日命（野見宿禰）も祀れば、菅原道真も祀る神社が生まれるのである。

その土師氏の大きな拠点が木津川・淀川沿いにあったのである。その流域に野見宿禰の墓との伝承をもつ古墳が三つもある。精華町《せいかちょう》の丸山《まるやま》古墳、寝屋川市の太秦高塚《うずまさたかつか》古墳、高槻市の宿禰塚古墳である。三つはさすがに多い。それは、木津川・淀川流域が土師氏の一大拠点であったと考えなければ理解できない。

くわえて高槻市の宿禰塚古墳の上には、式内社（一〇世紀初頭に編まれた『延喜式』に記載されている神社）である野身神社が建つが、野見宿禰を祭神として祀る式内社は、じつは全国に四

野身神社　JR 高槻駅の北側約 10 分のところにある上宮天満宮境内に建つ、野見宿禰を祭神とする式内社。周辺には弥生遺跡や古墳が点在する。

社しかない。尾張国と三河国と因幡国に一社ずつ、それに宿禰塚古墳の上に建つ野身神社である。

いずれも建つところは、木曽川・矢作《やはぎ》川・淀川といった大河川の流域か、沿海部である。これは土師氏の主業が、古墳造りというよりはむしろ治水であったことを示している。ならば木津川・淀川流域に土師氏の拠点があってもおかしくはない。

なお宿禰塚古墳上に建つ野身神社は、相当に重要な神社であったようで、のちには菅原道真を祀る天満宮も併設されているが、その上宮《じょうぐう》天満宮は、太宰府天満宮に次いで、日本で二番目に古い天満宮、とのことである。

埴安彦と三島湟咋

土師氏が勢力を張る以前にも、木津川・淀川流域に勢力を張っていた土木技術者集団はいたようである。崇神《すじん》天皇の時代に「埴安彦《はにやすひこ》の乱」と呼ばれる反乱を引き起こした、埴安彦の一族が多分それである。埴安彦の「埴」が埴輪の「埴」であり、野見宿禰と同様の職業への従事が連想される名であることから、そう考えられる。

なお埴安彦が、相当に大きな力をもった人物であったことは、「埴安彦の乱」の痕跡の広がりからもわかる。彼の軍勢が最後に屠《ほふ》られた（殺された）ところであることから、ほふりその＝祝《ほう》園《その》（精華町）という地名が生まれ、彼の軍勢が討伐軍に取り囲まれて恐怖のあまり脱糞して袴の裾を汚したことから、くそは＝樟葉《くずは》（枚方市）という地名が生まれたとされるが、それは反乱が、山背国《やましろのくに》全域から河内国北部に及ぶ巨大なものであったことを物語っている。

祝園神社　祝園駅から約30分、祝園の集落の北側に木津川に沿って建つ。称徳天皇が埴安彦の怨霊を鎮めるために建てたとのことであるが、当時はようやく御霊信仰が広がりはじめた時代である。

しかも、その妻吾田媛《あたひめ》（名前から連想すると隼《はや》人《と》族のひとり）の軍勢は、大和川流域から大和盆地に侵入を試みている。さらには反乱が起きてから約五〇〇年も経ったあと、称徳《しょうとく》天皇が埴安彦の魂を鎮めるために、あえて祝園神社（精華町）を建立している（社伝）ことなどを考えると、霊となってなお地域に君臨しつづけた、埴安彦のただならぬ力を感じる。

また、やや神話上の人物になるが、その孫の媛蹈鞴五十鈴媛《ひめたたらいすずひめ》が神武《じんむ》天皇の皇后となった、三島《みしまの》湟咋《みぞくい》の一族がそれである。律令制下においては摂津国三島郡の郡司を務めた三島氏の遠祖にあたる人物である。「湟咋」とは、まさに「溝」に「杭」を打つという土木工事に由来する名であると思われることから、そう考える。

継体天皇

では、古市古墳群にあってもよさそうな土木技術者集団土師氏の拠点が、なぜ木津川・淀川流域にあったのだろうか。もう一度繰り返すが、考えられるのは、土師氏の主業が、墓づくりというよりは、治水だったからである。

『日本書紀』によると、仁徳《にんとく》天皇の時代、すでに淀川には茨田《まんだ》の堤《つつみ》が築かれていた。また、木津川は名だたる天井川であるが、天井川は堤防のかさ上げが河床の上昇を招くことから生まれる。それは木津川治水の歴史の長さを物語っている。その歴史は多分、土師氏などが活躍した古墳時代にまで遡るのだろう。

だとすれば、これまで述べた以外にも、多くの治水に長けた土木技術者集団が、木津川・淀川流域には集まってきたものと思われる。

樟葉宮跡　交野天神社境内にあるが、そこは桓武天皇が郊祀祭を行った場所でもある。二つの碑が並び建つ。

茨田の堤の碑　1974年に「淀川改修着手百周年」事業の一環として、日本最初の河川堤の建設を記念して建てられた碑。

そのひとつが多分、継体《けいたい》天皇の一族であった。継体天皇といえば、周知のように、武烈《ぶれつ》天皇亡きあと、大伴金村《おおとものかなむら》らによって越前国から手《た》白香《しらかの》皇女《ひめみこ》（武烈天皇の姉）の夫になるべく招かれ、五〇七年に樟葉宮《くすはのみや》（枚方市）で即位し、その後、筒城宮《つつきのみや》（京田辺市）、弟国宮《おとくにのみや》（長岡京市）と転々としながら、二〇年の歳月をかけてようやく大和（磐余玉穂宮《いわれのたまほのみや》）に入った天皇である。

なかなか大和に入れなかったことから、即位にまつわる陰の噂がいろいろと囁《ささや》かれる天皇であるが、ここで大事なことは、彼が木津川・淀川流域に二〇年もとどまったことである。というのも彼の越前での治績は、九頭竜《くずりゅう》川や足羽《あすわ》川の治水であり、そのことによって越前平野を沃野に変えたことであった。さらには九頭竜川河口に三国港を開き、今につながる日本海交易の一大ターミナルを築いたことであった。越前国一宮の足羽神社などは、彼のその治績を顕彰するために建てられた神社である。

その人物が二〇年ものあいだ、木津川・淀川流域にとどまったのである。九頭竜川や足羽川で鍛えた治水技術を、木津川・淀川流域に持ち込むためだったと考えるのが自然である。継体天皇一族もまた、木津川・淀川流域に拠点をおいた土木技術者集団のひとつだったと思われる。

そして、その高い治水技術の痕跡が、六世紀に入ってから築造された巨大古墳、継体天皇陵（藍野陵《あいののみささぎ》）今城塚《いましろづか》古墳として今に残る。

秦氏

さらには秦《はた》氏がいた。淀川の支流桂川周辺と京都盆地一帯に勢力を張った渡来系の豪族だが、秦氏も優れた土木技術者集団だった。桂川や鴨川のような暴れ川の流れるところに、長岡京や平安京を建設できたのも、その地の支配者が秦氏だったからであった。

聖徳太子に仕えたことで知られる秦河勝《かわかつ》は、太子の子山背大兄王《やましろのおおえのおう》が蘇《そ》我入鹿《がのいるか》に攻め滅ぼされたとき播磨国赤穂に逃れ難を避けるが、そのときその地で千《ち》種《くさ》川流域の開発や塩田開発に取り組み、のちの「赤穂塩」の基礎をつくっている。それも秦氏が優れた土木技術者集団であったことの証のように思える。

そしてその点で興味深いのは、秦河勝の墓と伝えられる墓が、赤穂の坂越《さこし》湾に浮かぶ生島《いくしま》以外にもう一か所、寝屋川市にあることである。しかも、すぐ近くには野見宿禰の墓と伝えられる太《うず》秦高塚古墳《まさたかつか》がある。土師氏と秦氏の奇しき縁がうかがえる。

なお、秦氏の氏神松尾《まつのお》大社の祭神は大山咋神《おおやまくいのかみ》であるが、それも一般に思われているような杭を打って山の境界争いを鎮めた神などではなく、山を削り、川に杭を打つ、まさに治水の神であったと考えるのが自然である。三島湟咋との名前の近似からそう思う。大山咋神を祀るもうひとつの神社が、琵琶湖に面した近江国坂本にある日吉大社であることなども、その想像を補強してくれる。

のちに明智光秀が坂本城を築くにいたるまで、坂本は、比叡山山麓《さんろく》ということもあって、琵琶湖湖岸開発の中心だったのだろう。

第二節　北上する都――平安京の誕生まで

都の都市化

ひとつの社会が国家を形成するとき、必ず問われるのは、都をどこにおくかである。当然、日本という国が誕生するときも、それは問われた。

『日本書紀』によれば、初代神武《じんむ》天皇は塩土老翁《しおつちのおじ》という古老のアドバイスを受け入れ、それを「六合《くに》の中心」（東・西・南・北と天と地の中心）におくことにした。それが、激しさを増す「村」「邑《むら》」の「疆《さかい》」（境界）をめぐる争いを鎮めるのに、もっともよい方法だと考えたからである。だから彼は「六合の中心」を求めて、日向《ひゅうが》を発ち、大和に向かったのである。

隣の中国などとはまったく違う考え方で、都の位置を定めたのである。秦《しん》や漢の場合は「六合の中心」は選ばず、もともと彼らが拠点としていた西の辺境においた。長安から少し西に行けば、そこはもう西域であった。国のあり方が根本的に違った結果であった。

ただ同じ「六合の中心」におくにしても、七世紀後半になると状況が変わった。都の規模が巨大化した。飛鳥浄御原宮《あすかのきよみはらのみや》までは都といえば宮のこと、すなわち狭い意味での政治的中枢のことであったが、藤原京以降は、その「宮」に「京」が付け加わった。つまり都といえば、都市を意味する概念に変わったのである。

そうなると、奈良盆地の南部は、都をおく場所としては、必ずしも適当な地ではなくなっていた。建設用の資材（材木）の入手が困難だったからである。都市の建設に必要な膨大な材木を各地から手に入れようとすれば、相当に発達した水運の便が必要だったが、それがなかったからである。

では、その便があったのはどこか。それが木津川・淀川流域であった。今日我々がいうところの「けいはんな」であった。しかも前節でみたように、そこには多くの土木技術者集団が拠点をおいていた。都をつくるには最適の地だったのである。

ただ木津川・淀川流域に都を移そうとすれば、どうしても克服しなくてはならないことがひとつあった。それは、大きな河川のあるところには必ずともなう、陸上交通の不便さであった。大河川はいつの時代も、陸上交通の妨げとなる。

江戸時代、京都・江戸間の交通の中心が東海道ではなく中山道であったことなどは、その証左であった。海岸沿いを行く東海道は、木曽川や天竜川や大井川といった我が国有数の大河川に阻まれ、寸断されていたからである。

行基と泉橋

では、その問題を解決する方法は――。当然、橋を架けることである。そこで奈良時代に活躍したのが行基《ぎょうき》であった。彼は、行基集団と呼ばれる高度な技術者集団と、彼を慕って集まってくる大勢の人びとを使って、山崎橋や泉橋の架橋に力を尽くした。山崎橋というのは、今の京都府大山崎町《おおやまざきちょう》と京都府八幡市とを結ぶ橋、泉橋というのは、平城のほぼ真北――今は国道二四号線が木津川を渡河するところに架けられた橋である。

なお行基集団というのは、「序文」で触れた第一回および第四回シンポジウムにおける斉藤恵美氏の報告にもあったように、それまで存在した土師《はじ》氏や秦《はた》氏といった多くの土木技術者集団を、行基の超人的な組織力が束ねてつくり上げた、当時最高峰の技術者集団であった。

だから行基による泉橋建設がようやく完成に近づいたとき、国家もまた都を木津川・淀川流域に本格的に移す決意をしたのである。聖武《しょうむ》天皇による恭仁《くに》京遷都が、その嚆矢《こうし》となった。

七四〇年、太宰府を舞台に藤原広嗣《ふじわらのひろつぐ》の乱が起きたとき、聖武天皇はそれを壬申《じんしん》の乱以来の国難ととらえ、東国勢力が相呼応することを恐れて、天武《てんむ》天皇の足跡を追うかのように東国巡行を行い、鈴鹿関《すずかのせき》・不破《ふわ》関の守りを固めたうえで、平城に帰ることなく恭仁京に入り、遷都を断行した。

泉橋の架橋　現在はJR奈良線と国道24号線の泉大橋が架かっているが、かつてここに行基が泉橋を架けた。人が自然に寄り添って生きる時代から、それに抗って生きる時代への転換が図られた。

国家の安定のためには、都をあるべきところに移すことが必要だと考えたからであった。

　そして、それは木津川・淀川流域のどこかであり、かつ、当面は従来の王城の地、大和とのつながりを十分確保できる地であった。だから、それは恭仁京でなくてはならなかった。

　ただ都はどこまでも、大きな意味では「六合の中心」でなくてはならなかったため、「七道《しちどう》」（東海道・東山道・北陸道・山陰道・山陽道・南海道・西海道）の等しく起点になれる地が、じつはいちばん望ましかった。

　となると、東山道と山陰道のことを考えると、都はもう少し北に偏《かたよ》らせたほうがよかった。そこで、聖武天皇の遺志をついだ桓武《かんむ》天皇は、まずは長岡京（七八四年）に、次いで平安京（七九四年）に遷都し、そこを「万代《よろずよ》の都」と定めたのである。

　なお長岡遷都を断行した翌七八五年と、そのまた翌々年に、桓武天皇は河内国交野《かたの》郡柏原《かしわら》において「天」と「祖」を祀る中国流の祀り「郊祀《こうし》」を行うが、その場所は、奇しくも継体《けいたい》天皇が即位した樟葉宮《くすはのみや》の跡であった。多分、それは偶然ではなかった。そこには木津川・淀川治水に尽力した継体天皇や、山崎橋を架け、淀川を通行可能にした行基への感謝の気持ちが込められていたのではなかっただろうか。

第三節 「大和」の誕生

平安遷都と不平等の固定

都が巨大化し、「万代《よろずよ》の都」として平安京に固定されると、そこには新たな問題が生じた。都市と農村との不平等の固定化であった。考えてみれば、そのことがいかに深刻な社会的摩擦を引き起こすかがわかっていたからこそ、歴代の大王や天皇は、代替わりのたびに宮の位置を変える歴代遷宮なども行ってきたのである。形だけでも都の位置を移動させてきたのである。

藤原京のような巨大な宮都を造営したあとでも元明《げんめい》天皇のように、歴代遷宮と同じ論理で平城遷都を断行する天皇も現れた（「平城遷都の詔」）。また平城《へいぜい》上皇のように、父桓武《かんむ》天皇が築いた平安京を「万代の都」と十分に認識しながらも、平城還都《かんと》を試みずにいられなかった上皇も現れた（還都を企てた上皇が弟嵯峨《さが》天皇との争いに敗れ、愛妾《あいしょう》藤原薬子《くすこ》らの処罰で終えた薬子の変）。

また、「万代の都」が名実ともに都でなくなるのは一八六九年。明治天皇が二度目の東京行幸を行い、そのまま東京に駐輦《ちゆうれん》してしまったときのことだが、そのときの論理も、天皇は等しく四海を住処《すみか》にすべきで、どこか一か所にいて安逸をむさぼっていてはいけないとの論理であった(大久保利通「大坂遷都建白書」一八六八年一月)。元明天皇の「平城遷都の詔」とほとんど瓜二つの論理であった。だから、東京遷都令は出されなかったし、天皇も東京にとどまることなく全国巡幸を繰り返した。この繰り返し登場してくる「歴代遷宮論」もどきの考え方の執拗さからも、都を固定することの矛盾の深刻さがわかる。都鄙《とひ》間の不平等に限らず、あらゆる社会的不平等がそこから湧き出してくるからであった。

ということは、都を「万代の都」として固定する以上、当然のこととしてその社会の抱えるさまざまな不平等を緩和し、人びとの対立を未然に防ぐ方法も講じておかなくてはならないことになる。では、その方法とは——。

聖徳太子信仰

ひとつは、人と人、社会と社会の対立を、話し合いのレベルを超えてエスカレートさせないために、聖徳太子が一七条憲法で訴えた「以和為貴《わをもってとうとしとなす》」の精神をイデオロギーとして社会に浸透させる、という方法であった。

そのために奈良時代以降——厳密にいえば天武《てんむ》天皇の時代以降——、聖徳太子の偶像化が図られ、かつての厩戸皇子《うまやどのおうじ》には聖徳太子の呼び名が与えられた。また、六七〇年に一度は焼失した法隆寺が、現在私たちのみる法隆寺様式の伽藍《がらん》配置を備えた法隆寺として再建された。

聖徳太子が死んだとき、その姿に似せてつくられた太子の偶像が、法隆寺の本尊釈迦如来像とされているが、その聖徳太子像を安置する金堂と、仏舎利（釈迦の骨）を納める五重塔が横に並び、対等の関係におかれたのが法隆寺様式である。その様式の成立は、聖徳太子が敬虔《けいけん》な仏教徒から、釈迦同様に拝まれる対象に変わったことの証であった。

そして聖徳太子信仰が広がり、聖武《しょうむ》天皇や親鸞《しんらん》のような傑出した人物が現れると、たちまち聖徳太子の生まれ変わりではないか、との噂がたつ時代が到来した。当然、それにともない「以和為貴」との精神が、イデオロギーとして社会に浸透していったのである。

さて、恭仁《くに》京遷都を断行した直後、聖武天皇は「盧舎那仏《るしやなぶつ》造立の詔」（七四三年）を発し、これも行基《ぎょうき》の助けを借りて盧舎那仏の造立に取り組む。そこでひとつ問うてみたいのは、その盧舎那仏と、法隆寺金堂の聖徳太子の偶像としての側面をもつ釈迦如来像とのあいだに、類似性はあるのか否かとの問いである。

たしかに伽藍配置の変遷だけをみれば、法隆寺様式の伽藍配置と東大寺様式の伽藍配置とのあいだには連続性がある。七世紀前半（飛鳥時代）に建てられた飛鳥寺や四天王寺、さらには焼失以前の法隆寺（若草伽藍）の伽藍配置に比して、塔に対する金堂の比重が高まっているのが法隆

高麗寺跡　7世紀、木津川を望む河岸段丘に建てられた、山背国ではもっとも早い時期の仏教寺院高麗寺の跡。

寺様式である。塔を回廊の外に追い出し、回廊の中には金堂だけを残した東大寺様式（国分寺様式）は、その発展型にみえるからである。

ということは、法隆寺金堂に安置された釈迦如来像も、東大寺金堂に安置された盧舎那仏も、じつは同様の仏像という可能性が出てくる。そうなると、東大寺大仏もまた聖徳太子の偶像としての側面を併せもつ仏像であったということになるかもしれない。だとすれば、おもしろい。

聖武天皇が『日《に》本《ほん》霊異記《りょういき》』において聖徳太子の生まれ変わりと称されるほど、聖徳太子に心酔した天皇であったことを考えると、あり得ないことではない。心酔したからこそ、彼は法隆寺再建に取り組んだのである。法隆寺金堂壁画は飛鳥美術の傑作ではなく、天平美術の傑作だったことを思い出してほしい。

なお付け加えておくと、恭仁京の京域にも法隆寺様式の――しかもその祖型と考えられる法起寺《ほっきじ》様式の――寺院は存在した。高麗《こま》寺《でら》がそれである。

八幡信仰

人と人、社会と社会の対立を緩和するもうひとつの方法は、その対立を超えて、人と人、社会と社会が結びつく共同体感情を強化するという方法であった。

たとえば、八幡《はちまん》信仰の導入がそれである。称徳《しょうとく》天皇の後継者を道鏡《どうきょう》にするかしないかをめぐり王権が二分されたとき、道鏡派・反道鏡派（藤原百川《ふじわらのももかわ》・和気清麻呂《わけのきよまろ》）ともに宇佐《うさ》八幡宮の神勅に頼ったことがひとつのきっかけとなり、八幡信仰が急速な広がりをみせるが、それはそもそも、「大和」と「熊襲《くまそ》」との対立を鎮めるために、神功《じんぐう》皇后が外なる敵新羅《しらぎ》を攻めた「史実」を土台に築き上げられた信仰であった。あえて外敵をつくり出すことによって、内部の結束（共同体感情）を強化するための信仰、それが八幡信仰であり、それを積極的に導入したのである。

ただ「大和」と「熊襲」の境に建てられた宇佐八幡宮は、平城からであれ、平安京からであれ、都から遠すぎた。少なくとも宇佐八幡宮で受け取った神勅を、都（平城）への帰途、和気清麻呂がこっそりと書き換えてもバレない程度には遠かった。そこで八五九年、宇佐八幡宮からの勧請をうけて今の京都府八幡市男山に石清水《いわしみず》八幡宮が創建され、新たな信仰の中心とされた。王権もそれを、伊勢神宮と並ぶ二所の宗廟《そうびょう》として特別に遇した。

その結果、八幡信仰は全国津々浦々に広がり、さまざまなレベル——村のレベル、国のレベル、国家のレベル——において、排外感情を媒介とした共同体意識の形成に役立つこととなった。承《じょう》平《へい》・天慶《てんぎょう》の乱のときも、新皇を名乗った平将門《たいらのまさかど》側・鎮圧に臨んだ朝廷側、ともに戦勝を八幡神に祈った。また、鎌倉幕府が誕生すると、鎌倉にも鶴岡八幡宮が創建された。

仮名の発明

しかし、八幡信仰の導入以上に重要だったのは、仮名の発明・普及であった。それは日本人以外には誰もわからないが、日本人なら貴賤上下《きせんじょうげ》・老若男女を問わず、誰にでもわかる言葉の文字化であった。日本人社会を感情共同体に鋳直していくうえで、決定的な役割を果たした。

しかも、単に仮名を発明し、人びとに感情表現の具を与えただけではなかった。感情表現の形式までも与えた。その役割を担ったのが仮名文学、とりわけ和歌であった。

『古今和歌集』にはじまり『新古今和歌集』にいたる勅撰和歌集が編まれるようになると、人は知らず知らずのうちに、それら和歌集に収められた和歌への共感を通じて、外界を眺めるようになっていった。

「歌枕」と呼ばれた和歌にゆかりの地を訪れ、その地を詠《よ》んだ和歌同様の感情を込めて、その地の景色を眺めるといったことが自然に行われるようになった。多くの人が、同じもの、同じ景色を、同じように見、同じように感じる社会が生まれたのである。そしてそれこそが、あらゆる社会的対立を呑《の》み込み、和解させる力をもった日本人共同体の成立であった。

南都の復興と「大和」の誕生

人が同じことを同じように感じる日本人共同体が成立しはじめると、今度はその成立の必然を説く必要が生じた。では、その必然を説く方法とは——？　それは日本人共同体を、同祖・同郷の人びとの集合体として描くことであった。

そこで、ひとつは、日本人の大方を天照大神《あまてらすおおみかみ》にはじまる皇統の一部、もしくは高天原《たかまのはら》由来の氏族と見なすということを行った。八一五年に嵯峨《さが》天皇の命令で編纂《へんさん》された『新撰姓氏録《しんせんしょうじろく》』がそれであった。

具体的には、すべての——といっても畿内に限られるが——氏族を「皇別《こうべつ》」「神別《しんべつ》」「諸蕃《しょばん》」の三種に分類し、渡来系氏族を意味する「諸蕃」以外のほとんどの氏族を、天孫降臨《てんそんこうりん》以降のいずれかの時点で皇統から別れた「皇別」氏族と、高天原（八百万《やおよろず》の神）にルーツをもつ「神別」氏族に分類した。たしかに「神別」氏族のなかには、地祇《ちぎ》と呼ばれた地上の神に由来する氏族もあったが、その数は多くなく、また「諸蕃」の数も少なかった。『新撰姓氏録』の編纂は、たしかに日本人全体を同族・同郷の集団として観念させるための施策となったのである。

そしてもうひとつは、この国の起源を「大和」に求め、「大和は国のまほろば」との観念を醸成することであった。言葉は大和言葉、絵画は大和絵、歌は和歌（大和歌）といった具合に、あらゆる「もの」の起源を大和に求めた。これもまた日本人全体の同郷観念の醸成に役立った。

さらには、その施策を実効あらしめるために、廃都平城の復興・保存も図った。とりわけ宗教都市として、保存には力を尽くした。その結果、平城は南都と呼ばれるようになり、中世奈良町に引き継がれていった。

だから平城は、遷都後も消滅しなかったのである。それは、藤原京以前の都が遷都と同時に荒廃し消滅したのとは、大きな違いであった。「外京」と呼ばれた、興福寺や元興寺が立ち並ぶエリアが中世奈良町として生き残ったのである。とりわけ元興寺境内には人が入り込み、境内がいつしか町場化していった。今も街並みのなかに、かつての元興寺の伽藍配置が痕跡をとどめるのはそのせいである。

そして、興福寺や東大寺、春日大社に取り囲まれた奈良町と平安京（京都）のあいだで人の往来が盛んになると、人はさらにその南まで足を伸ばすようになった。宇多《うだ》天皇や藤原道長は吉野を越えて大峰山《おおみねさん》まで足を伸ばした。また長谷寺には、清少納言のような女性も多く訪れるようになった。さらに院政期になると、白河《しらかわ》上皇・鳥羽《とば》上皇・後白河上皇ら上皇たちが熊野まで足繁く通った。そしてそれをきっかけに、「蟻《あり》の熊野参り」という言葉が生まれるほどの熊野詣の大流行が起きた。

奈良町にかぎらず、大和全体が復興を遂げたのである。日本人の心に深く「大和人」としてのアイデンティティーが刻まれることになったのである。

第四節 日本型民主主義の成立――起請文と茶の湯

起請文

以上、平安京を建設し、それを「万代の都《よろずよ》」として以来、この国は「以和為貴《わをもってとうとしとなす》」ことをモットーに、それを支えるさまざまな思想や文化を築いてきた。ただ、だからといって、容易に「以和為貴」社会が実現したわけではなかったことは周知のとおりである。

聖徳太子の願いも虚しく、人の「私」が「恨み」に発展し、やがて社会に破壊的作用を及ぼすこともしばしばであった。とりわけ平安時代の末以降、武士が台頭し、人がいとも簡単に「私」と「私」の対立を言葉によらず武力によって解決しはじめると、その頻度は増した。

武士だけではなかった。公家も百姓も町人も、皆武士同様の傾向を帯びるようになり、むしろ自力救済がルール化した。そして鎌倉幕府が崩壊すると、その頻度はさらに増し、この国は南北朝内乱にはじまり大坂夏の陣（元和《げんな》偃武《えんぶ》：一六一五年）に終わる長い内乱の時代に突入していったのである。つまり、ただ消極的に「以和為貴」と唱えているだけでは、社会の平和は保てなくなってきていた。より積極的に、紛争解決のための対話の方法を生み出さなくてはならなくなっていた。そして、その対話のための二つの作法を生み出したのである。

ひとつは、神仏の前で起請文《きしょうもん》をたて、相互に誓約を交わす、という作法であった。さらには、その起請文を焼いて水に浸し、回し飲むことによって、誓約をより強固なものにする、という作法であった。それを一味神水《いちみしんすい》という。

中世を通じて、武士や農民が一揆《いっき》や惣村《そうそん》の自治を取り結ぶときによく用いられた作法であった。当然、山城国一揆（一四八五〜九三年）のときにも用いられた。なお起請文の用紙としては、熊野の牛王宝印《ごおうほういん》が多く用いられた。

茶の湯

もうひとつが、茶会（茶の湯）を催し、茶会の場で対話するという作法であった。そもそも人が集まり対話するときに、なんらかの飲食をともなうのは自然である。その飲食を「酒」ではなく、「茶」にしたのである。

とりわけ織田信長と豊臣秀吉に仕えた千利休が侘茶《わびちゃ》を確立して以降、この作法が多く用いられるようになった。武士も茶室に入るときは、刀をにじり口の外に置いて入るということに象徴されるように、茶会においては、すべての人が身分を棄て、対等な個人となって向き合う。その環境をつくり上げることによって、個々の利害にとらわれない、より公正な対話を可能にしたのである。

ちなみにこの作法が対話の作法としていかに重要なものであったかは、戦国時代、茶道具ひとつが一国や一城に値するとされた逸話などからもわかる。松永久秀《まつながひさひで》が信貴山城《しぎさんじょう》で織田信長に攻め滅ぼされるとき（一五七七年）、あてつけのように平蜘蛛《ひらくも》の釜をはじめ多くの茶道具を道連れにしたのも、そのことを物語る逸話であった。徳川幕府への宇治茶の献上が、大名行列並みのお茶壺道中という形で行われたことなども、そのことをうかがわせる。

しかも大事なことは、対話の作法としてこの作法を必要としたのは、公家や大名といった社会の上層の人びとだけではなかった、ということである。百姓であれ町人であれ、乗り越えなくてはならない紛争を多く抱えていた。事実、千利休もそうだったが、戦国末期の名だたる茶人は、同時に（堺の）商人であることが多かった。商人たちも紛争解決のために、この作法を必要としたのである。

だから茶の湯は、奈良（村田珠光《むらたじゅこう》）で起こり、堺（武野紹鷗《たけのじょうおう》）に伝わり、全国に広がった。まずは町人世界に広がったのである。

そして江戸時代になると、この作法の裾野は、さらに広がった。「茶飲み話」という言葉があ

木津川市の茶問屋街に建つ「山城茶業之碑」
山城一帯の茶を集め、開港場神戸に送った時代の茶問屋街の繁栄を回顧する記念碑。背景に建つのは福寿園。

るように、庶民もまた対話のお供に、当たり前のように茶を喫するようになったからである。「慶安の御触書」（一六四九年）に、農家の女性の飲茶を規制する条項があったことなどから想像がつく。加えて、煎茶や玉露を生んだ製茶技術の発展が、その傾向を加速した。

　そしてそれは、茶に対する巨大な需要を生み出し、山城や大和を、茶の一大産地に変えていったのである。広大な地域で栽培された茶が、木津川・淀川の水運を通じて、宇治茶ブランドに結びつけられるようになっていったのである。

　また明治になると、茶は紅茶に加工され、輸出された。そのときに発展したのが、木津川市にある茶問屋街である。和束《わづか》など山間部で栽培された茶が、いったんそこに集められ、木津川・淀川・大阪湾を経て神戸港に運ばれ、輸出されたのである。

　和紅茶の伝統もまた、けっこう古い。

第五節　岡倉天心の"The Book of Tea"

アジア文明の博物館

「以和為貴《わをもってとうとしとなす》」をモットーに、神仏や茶の湯を媒介にした対話の作法を通じて社会の統合を実現してきた国、それが日本であった。

先にも述べたが、たしかに争いがなかったわけではない。鎌倉時代から戦国時代にかけて、長い内乱の時代がつづいた。しかし、にもかかわらず、かろうじて易姓《えきせい》革命（王朝交替）の勃発だけは避けつづけることができた。それは、その社会の統合の仕方が、それなりに成功したことの証であった。

幕末の思想家藤田《ふじた》幽谷《ゆうこく》が『正名論《せいめいろん》』（老中松平定信に宛てた政治意見書）において、万世一系天皇がつづいたのは、「八洲の広き、兆民の衆《おお》き、絶倫の力、高世の智ありといへども」、誰ひとりとして皇位を簒奪《さんだつ》しようとする者が現れなかった結果だと述べているのは、そのことを指す。

岡倉天心（1863 ～ 1913） フェノロサとともに法隆寺夢殿の秘仏救世観音像の封印を解いて「日本の美」の発見者となり、明治の美術界に君臨した人物。ボストン美術館にて（1905 年ごろ）。

そして時は移り、一九世紀後半になると、今度は国の中ではなく、国の外が戦国の様相を呈するようになってきた。帝国主義時代の到来である。世界中が世界戦争の予感に怯《おび》えなくてはならない時代がやってきたのである。

ならば、以上の歴史を踏まえたとき、今こそ、長年「以和為貴」をモットーに培われてきた日本文化を世界に発信すべきときが来た、と考える日本人が現れても不思議ではない。それが岡倉天心であった。そして、その思いをもったときに彼が出会ったのが、インドの聖人ヴィヴェーカーナンダーであった。

一八九三年、コロンブスによる「アメリカ新大陸」発見四〇〇年を記念してシカゴ万博が開かれたが、その最大のテーマは、先に述べたように、迫り来る世界戦争の危機を如何《いか》にすれば回避できるかであった。そしてそのための取り組みとして開かれた万博関連企画、世界宗教会議において活躍し、世界の耳目を集めたのがヴィヴェーカーナンダーであった。彼は宗教間の平等を説き、キリスト教至上主義に凝り固まっていた当時の欧米人たちに衝撃を与えた。そのヴィヴェーカーナンダーと天心は出会ったのである。そして触発され、なおいっそう日本文化の世界発信に使命感を抱くようになった。

そして、天心はその独特の日本文化論を鍛えていった。彼はまず、争いが相対的に少なく、ほかのアジアの国々のような王朝交替（易姓革命）にともなう大規模な文化破壊がなかったために、いくつもの時代にアジアの各地から流入してきた優れた文化（文明）が誕生の地では滅びても、日本では滅びることなく保存され、積み重なり、独特の発酵を遂げて生まれたのが日本文化だとし、それを育んだ日本を「アジア文明の博物館」と定義した。

さらには、それゆえに日本文化は、戦争よりも平和に親和性をもち、本を正せば世界からやってきた「外来文化」なので、類似の文化を世界各地にもつ普遍的な文化だとしたのである。世界戦争の危機が予感される時代にこそ求められる文化だ、としたのである。

「武士道」より「茶道」を

では、何を発信すれば日本文化を発信したことになるのか。彼はそれを茶の湯の文化（茶道）だと考えた。それが、ただ平和を享受してきた文化ではなく、戦乱のなかで、なお人間性（ヒューマニズム）に訴え、積極的に平和を構築してきた文化であったこと、さらには、本を正せば中国から入ってきた喫茶の風習が日本で独自に進化を遂げた文化であったので、類似の文化を世界中にもち、世界の人びとの共感を得やすい文化であることが、その理由であった。

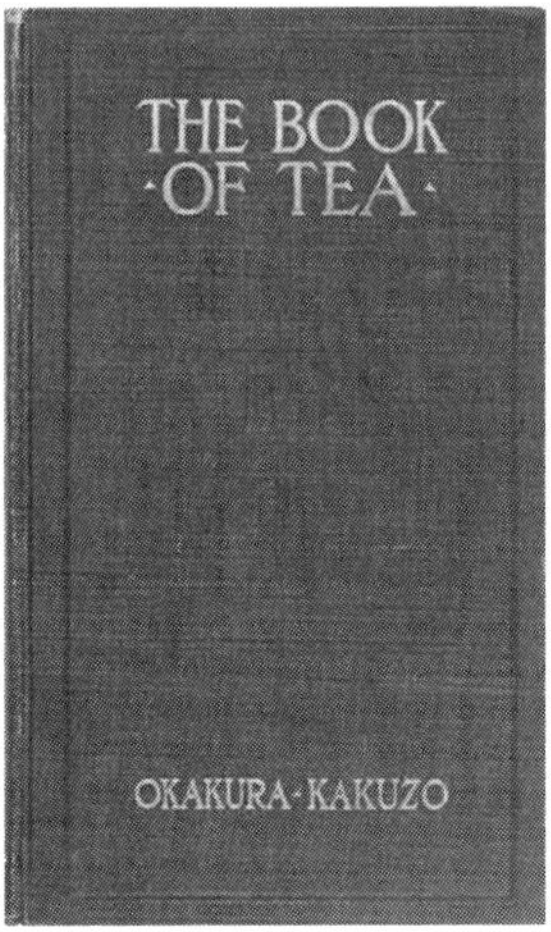

"THE BOOK OF TEA" 1906年ニューヨークのフォックス・ダフィールド社から英語で出版された。『茶の本』として邦訳されたのは1929年のことである。

そこで彼は、一九〇六年、日露戦争が終結した翌年に"The Book of Tea"（『茶の本』）を英語で著し、茶道を'Teaism'と名づけて、その世界への普及を試みたのである。そして、次のように述べた。

西洋人は、日本が平和な文芸にふけっていた間は、野蛮国と見なしていたものである。しかるに満州の戦場に大々的殺戮《さつりく》を行ない始めてから文明国と呼んでいる。近ごろ武士道——わが兵士に喜び勇んで身を捨てさせる死の術——について盛んに論評されてきた。しかし茶道にはほとんど注意がひかれていない。この道はわが生の術を多く説いているものであるが。もしわれわれが文明国たるためには、血なまぐさい戦争の名誉によらなければならないとするならば、むしろいつまでも野蛮国に甘んじよう。われわれはわが芸術および理想に対して、しかるべき尊敬が払われる時期が来るのを喜んで待とう。

（『茶の本』）

日露戦争が勃発する、まさに帝国主義の時代だからこそ、日本人が発信すべきは、戦争と親和的な「武士道」ではなく、平和と親和的な「茶道」だとしたのである。ちなみに新渡戸稲造《にとべいなぞう》が『武士道』を英語で刊行したのは、一八九九年であった。

ではこの発信に、天心の夢想を超えて現実を動かす力はあったのだろうか。私はあったと思う。考えてみれば「茶道」のような、対話のための文化は、世界中にあったはずである。長い戦乱の時代を乗り越えて、国家に統一をもたらした経験は、世界中の多くの国に共通していたからである。その経験のなかで、対話のための文化が芽吹かないはずがない。

天心は、たとえばイギリスのティータイムの習慣がそれだとした。喫茶の風習が世界中に広がっているのは、その対話のための文化の遍在を基礎にしていたようなのである。そうした対話のための文化を、天心は人が本来もつヒューマニズムの表れと考えた。そして、世界への「茶道」の発信が、その各国に根づく対話のための文化を刺激し、ヒューマニズムの連鎖と高揚を生み出せば世界平和の実現も可能だ、と考えたのである。はたして荒唐無稽だろうか。私にはそうは思えないのである。

天心の時代に、歴史にヒントを得て世界平和を実現しようとする動きは、ほかにも存在した。言うまでもなくフランス人クーベルタンが取り組んだ、オリンピック開催の動きであった。クーベルタンは、その期間中だけは相争うポリスが戦争を中止し、束の間の平和を享受した古代ギリシャのオリンピックにヒントを得て、近代オリンピックの開催を夢見たのである。

天心の夢想も、クーベルタンの夢想と、また共通していた。

今、世界中の人が、日本文化といえば「茶道」に代表させるのは、この天心の夢想がそれなりに伝わったためなのかもしれないのである。

結びに

私たちは三年後、大阪・関西万博を迎える。では、そのときに何をすべきなのか。私は、今いちど天心に立ち返り、平和を紡ぐ文化としての日本文化の価値を再発見し、世界に発信してみるのもひとつの方法ではないかと考える。

突然ウクライナ戦争がはじまり、核戦争の危機が現実味を帯びてくるなかで、まさに日本における Teaism の中核たる「けいはんな」の地に棲《す》む者として行えるのは、そのようなことではないだろうか。

九州平定を終え天下平定をほぼ成し遂げた豊臣秀吉が、一五八七年に京都北野において、貴賤《きせん》上下《じょうげ》を問わず広く参加を呼びかけ、平和の到来を寿《ことほ》ぐ大茶会を催したように、世界平和を祈念して、「けいはんな」の名所旧跡を舞台に、世界中の Teaism（たとえばイギリスのティータイム）を一堂に会して、世界大茶会を催してみるのも一興ではないだろうか。中国製の空飛ぶ車を飛ばすよりも、イノベーティブな取り組みになるかもしれないと思うのである。

【コラム①】日本文化と舶来文化

正倉院御物《しょうそういんぎょぶつ》などと並ぶ日本の宝物に、東山御物というものがある。八代室町将軍足利義政《あしかがよしまさ》が収集した舶来の絵画・茶器などのコレクションである。まさに東山文化を代表するコレクションである。織田信長や豊臣秀吉も、その一部を所有することでみずからの威信を高めた。

そしておもしろいのは、それこそがその後の日本文化の源流のように言われていることである。当然、違和感を抱く。コレクションのすべてが宋や元の時代につくられ、輸入された舶来品だからである。しかし考えてみると、室町時代に日本に流入してきた舶来文化を以《もっ》て日本文化の源流と見なすことに、さほどの不自然さはない。

室町時代は対外貿易（勘合貿易・南蛮貿易）の急速な拡大がみられた時代であった。生糸や木綿や毛織物や陶磁器や香料や鉄砲など、それまで日本になかったものが、大量にこの国にもたらされた。茶の文化なども、そのもたらされたもののひとつであった。

そしてその見返りに、日本からは大量の銀が輸出された。石見《いわみ》銀山が世界有数の銀山へと発展したのも、それゆえであった。しかし、いかに日本が金や銀や銅といった鉱物資源に恵まれた国ではあっても、永遠に銀の輸出に頼り、輸入を拡大しつづけることはできなかった。やがてその輸入を制限しようとする動きが起きた。鎖国である。

ただ、とはいえ、いったん輸入品に囲まれて生活することに慣れた人びとに、明日からそれらのなかった時代の元の生活に戻れと言っても、それは不可能なことであった。もはや人びとの日常衣料を木綿から麻に戻すことはできなかったし、輸入生糸を原料に発展した西陣織を撲滅することもできなかった。イギリスや西ヨーロッパの国々が、茶や木綿の輸入に悩まされながら、その輸入を止めることができなかったのと同じであった。結局、国内市場を発展させ、輸入代替産業を興すしかなかった。

したがって鎖国は、一方では国産奨励策としての側面をもったのである。イギリスでは、その輸入代替商品（木綿）の生産が、産業革命をもたらした。そして江戸時代を通じて、かつて輸入に頼っていた多くの物産が、自給可能な物産になっていったのである。

生糸や木綿や陶磁器（茶の文化）は、すでに日本文化の一部となっていた。秀吉の時代、文禄・慶長の役を引き起こしてまで大陸からの陶工獲得に必死になった日本が、一七世紀半ばには、有田焼（伊万里焼）を長崎貿易を通じて世界に輸出し、ヨーロッパの陶磁器生産（たとえばマイセン）に多大の影響を与えるまでになっていた。香辛料の日本社会への浸透を抑えるのに功績大であった醤油も、長崎貿易を通じて世界に輸出された。

幕末開港後の日本の代表的な輸出品は、生糸であり、綿糸であり、綿布（しばらくは輸入綿糸に押されたが）であった。

こうして室町時代に流入してきた舶来文化は、数世紀の熟成を経て、確実に日本文化の源流になっていったのである。そして、もしその結果を予想して将軍義政が、舶来品のコレクション東山御物をつくり上げたとすれば、それはまさに天才のなせる技であった。

〔参考文献〕

1 岡倉覚三（天心）著／村岡博訳『茶の本』（岩波文庫、一九六一年）。
2 長田明日華『仮名文学の誕生と「やまと」』二〇二二年度奈良女子大学博士論文。
3 川勝平太『日本文明と近代西洋――「鎖国」再考』（NHKブックス、一九九一年）。
4 小路田泰直『日本史の思想――アジア主義と日本主義の相克』（柏書房、一九九七年）。
5 小路田泰直「遷都論」（中塚明編『世界古都論―日本史上の奈良』柏書房、一九九四年）。
6 佐藤弘夫『起請文の精神史――中世世界の神と仏』（講談社選書メチエ、二〇〇六年）。
7 西村さとみ「坊条のうちそと――平城から平安へ」（舘野和己・小路田泰直編『古代日本の構造と原理』青木書店、二〇〇八年）。
8 横山久美子「岡倉天心の Teaism」（『日本史の方法』Ⅶ、二〇〇八年五月）。

けいはんな
KeiHanNa
RISE歴史・文化講座
01

第二章◎「茶の道」へ——散策と思索

はじめに

こうして思考をめぐらせてくると、冒頭述べた課題意識からいってEXPO2025に向けて、日本人である我々が行わなくてはならないのは、あらためて岡倉天心にならい、平和を紡ぐ文化としての日本文化の長所を浮き彫りにし——短所から目を背けることもせず——、それを敷衍《ふえん》する努力を積み重ねることである。なかでも戦国時代に、相争う人びとの対話の具となり、江戸時代約二五〇年間の平和を演出する道具立てとなった「茶の湯」文化の深奥を極め、それを現代に活かすことは重要なことのように思われる。「分断」と「争い」に満ちた現代に平和を取り戻すために、である。そこで私は、「茶の湯」文化の周辺をひたすら歩き、歩きながら考えることにした。

というのも、この数年、私は「南柯《なんか》」という、奈良を中心に活動する俳句結社の方々に乞われて、時々、名所旧跡をめぐる歴史散歩の案内役を引き受けている。それが意外と私にとっては勉強になっている。言い方は悪いが、歴史にさほど詳しくない人びとを相手に、自分も歴史家の端くれ、通り一遍の話をするわけにはいかないと思い定めて歴史の説明をすると、意外や意外、けっこう新説・珍説が次々と浮かんでくるのである。右記の課題に、私なりに取り組む方法として、ひたすら歩いてみるのもよいと思った所以《ゆえん》である。

ただ、一人で歩いても新説・珍説は浮かんでこない。私の説明を、文句も言わずに聞いてくれる同伴者が要る。そこで今度は私から「南柯」の方々に乞い、時々、散歩に付き合ってもらうことにした。なお、ご協力いただく「南柯」について紹介しておくと、一九一三年に内藤鳴雪《ないとうめいせつ》・武田鶯塘《たけだおうとう》によって設立された、現存する結社としては最古に属する俳句結社のひとつであり、現在の主幹は五代目の和田桃氏である。

吟行中の南柯の方々と。

「茶の道」へ

—第一節—

まずは京都へ

晩秋の一日、久しぶりに宇治を訪ねてみた。するとJR宇治駅前の観光案内所に、次のようなポスターが掲げられていた。

室町時代、かつて宇治には、三代将軍足利義満《あしかがよしみつ》から高い評価を受け、以後幕府によって特別に保護された「宇治七名園」と称される七つの「茶園」があったこと。ただし、今残るのは「奥ノ山茶園」のみで、「堀井七茗園《ほりいしちめいえん》」という老舗がその伝統を守っていることが書かれていた。

そういえば江戸時代、幕府や大名に茶を納めていた「御茶師《おちやし》」の家も、今は「上林春松《かんばやししゆんしよう》」（多くの人は「綾鷹《あやたか》」で知る）しか残っていない。ほかの茶舗は、老舗だとはいっても、せいぜい江戸時代の末ごろに生まれた店が多い。宇治茶の世界も、けっこう栄枯盛衰の激しい世界だったのだなぁ、との思いを深めた。

しかも、それが単に「商売上の栄枯盛衰」でないことに興味をもった。政治上の出来事と密接にかかわる栄枯盛衰でもあったようなのである。

宇治橋のたもとに「通園《つうえん》」という、平安時代の末（一一六〇年）に開業したとされる茶舗がある。その店の前に掲げられた立札を見ると、その初代古川《ふるかわ》右《う》内《ない》は、以仁王《もちひとおう》などとともに反平家の狼煙《のろし》を上げた源頼政《みなもとのよりまさ》のもとに馳せ参じ、ともに戦って討死した人物であったとのことである。

「宇治七名園」のポスター　JR 宇治駅観光案内所で筆者が撮影。

江戸時代、幕府から宇治茶の総支配を命じられていた「御茶師」の筆頭「上林」なども、一族の上林竹庵《ちくあん》が関ヶ原の合戦のとき伏見城に立て籠り、石田三成方（西軍）の猛攻を受けて、鳥居《とりい》元忠《もとただ》らとともに討死している。その戦死があったればこそ、上林春松は徳川家康から宇治の総支配を命じられたのだろう。上林春松本店の横にある立派な門の上林記念館は、情報の宝庫だ。

ただし、「商売上の栄枯盛衰」もあった。江戸時代に入るころから、茶園と製茶が分離し、茶葉生産が山城や大和の山村一帯に広がっていったこと。さらには一八世紀になり、宇治田原の茶業農家永谷宗円《ながたにそうえん》（「永谷園」の遠祖）が煎茶の製法を発明し緑茶の時代を切り拓いたことなどが、茶業のあり方に一大革命をもたらし、それが「商売上の栄枯盛衰」につながったことも忘れてはならない。

当然、明治期、茶が「後進日本」の代表的な輸出品のひとつになったことも忘れてはならない。木津川市にある茶問屋街の一角「福寿園」の前には、そのころのことを記した碑文が建つ。

しかしそれにしても、茶業の栄枯盛衰には政治権力のあり方の変化が深く絡んでいた。それに興味をもった。

そしてふと思ったのは、千利休が豊臣秀吉の勘気に触れて切腹を命じられたことなども、芸術上の事件というよりも、むしろ言い尽くされていることかもしれないが、政治上の事件としてとらえたほうがよいのではないだろうか、ということであった。

そこで、少し足を伸ばして、上京区小川通寺之内にある利休ゆかりの茶室不審庵《ふしんあん》（表千家）を訪ねてみることにした。不審庵の隣には、裏千家発祥の茶室今日庵《こんにちあん》もある。といって茶道とは縁もゆかりもない我々が突然訪ねていって見学させていただけるような施設でもないので、とりあえずは周辺を散策してみることにした。表千家や裏千家の拠点にふさわしい丹精な街並みで、その雰囲気に触れただけで、行った甲斐《かい》のある場所であった。

ただ驚いたのは、そこが妙顕寺《みょうけんじ》と本法寺《ほんぽうじ》という、二つの日蓮宗の総本山に挟まれていたことである。妙顕寺は日蓮の遺命を受けて上洛した日像《にちぞう》が、後醍醐《ごだいご》天皇の勅許なども得て開いた、京都最初の日蓮宗寺院である。それに対して本法寺は、不受不施《ふじゅふせ》の教え（他宗派に対する不寛容）を強烈に主張しすぎて、しばしば室町幕府などからの弾圧を受けるという憂き目にあった日親《にっしん》が、何度かの挫折のあと、八代将軍足利義政《あしかがよしまさ》に上洛を許され、町人本阿弥清延《ほんあみきよのぶ》（その曾孫《そうそん》が光悦《こうえつ》）の援助を得て再々建した、日蓮宗が京都の町衆のあいだに浸透するうえで重要な役割を果たした寺院である。

いずれも京都における日蓮宗の発展を語るうえで、欠かすことのできない寺院であるが、この二つの日蓮宗寺院に不審庵は挟まれていたのである。それに驚いた。

利休が秀吉の勘気を被《こうむ》るきっかけとなった「木像事件」の舞台が大徳寺であったことなどもあって、

京都市上京区小川通寺之内付近

利休の侘茶《わびちゃ》と親和性の高い宗派といえば禅宗ではないのかと、漠然と思っていたからである。事実、利休の墓は、堺にある臨済宗大徳寺派の禅宗寺院南宗寺《なんしゅうじ》の境内にある。だからその認識も決して間違ってはいない。

しかし、「それにしても」である。意表をつかれた感があった。利休と日蓮宗のあいだには、ただならぬ関係があったのではないか、と思えてきた。

そしてそう思えてくると、わかったような気がしてきたのは、利休をはじめ堺の商人たちが、

妙顕寺　日蓮の遺命を受けて、日像が築いた京都初の日蓮宗寺院。

本法寺　他宗派への激しい攻撃性（不受不施義）で知られる日親開山の日蓮宗寺院。

なぜ茶の湯の虜《とりこ》になったかである。一五三六年に天文法華《てんぶんほっけ》の乱と呼ばれる、京都を五年にわたって支配した法華一揆が、比叡山延暦寺と近江の大名六角《ろっかく》氏の襲撃を受け、京都から一掃された事件が起きたとき、京都を追われた日蓮宗二一本山の僧侶たちが頼ったのが堺であった。そのことが、茶の湯が堺に広がるきっかけにもなったのではないか、と思うにいたった。

そこで少しネットを検索していると、堺にある妙法寺《みょうほうじ》という寺に関して、次のような案内をみつけた。

一三四三年（南北朝時代）、微妙坊《びみょうぼう》法印日祐《にちゆう》上人（京都大本山妙顕寺を創建した日像上人の直弟子）により開山された泉州最古の日蓮宗寺院の一つで、境内には堺で生まれた千利休が一七歳のときに茶道に入門した最初の師匠である北向道陳《きたむきどうちん》の墓碑、落語の祖とも言われる曽呂《そろ》利《り》新左衛門《しんざえもん》の三五〇年忌碑がある。天文五年（一五三六）、比叡山延暦寺が京都市中の日蓮宗二一本山をすべて焼き払った天文法難が起きたとき、多くの日蓮宗僧侶や宗徒は堺に避難。妙法寺にも大本山妙顕寺の住職らが滞在した。西洞院通《にしのとういんどおり》に面して二条通と三条通の真ん中あたりに位置した妙顕寺にちなんで、妙法寺が「二条半」と呼ばれるようになったのはこのときだ。この通り名にアイデアを得て、「二畳半」の茶室をつくったのが千利休最初の師・北向道陳だ。今井宗久《いまいそうきゅう》、武野紹鷗《たけのじょうおう》、北向道陳、千利休と茶の湯の哲人たちの屋敷は妙法寺の門前からほぼ一直線に並ぶ。さらに、妙法寺前を南に折れると紹鷗と利休の墓もある南宗寺に着く。

予測は、当たらずとはいえ遠からずといったところで、少し愉快になった。

さて、それでは利休と日蓮宗のあいだに浅からぬ縁があったと仮定すると、利休切腹事件はどうみえてくるのか。天文法華の乱があったとはいえ、戦国末の京都の町衆の世界において、圧倒的な影響力をもちつづけていたのは日蓮宗であった。だから織田信長が京都に入るときも定宿にしたのは、日蓮宗総本山のひとつ本能寺であったし、秀吉が二条城建設に際して用地提供を求めたのも妙顕寺であった（だからそれを妙顕寺城といった）。その、ある意味では日蓮宗一色に染まった京都の町衆世界を、「統一権力」はいかにすれば掌握し、活用することができるのか。利休切腹事件は、そのための模索と葛藤のひとコマといったところになるのではないだろうか。

そして、もしそうだとすれば、利休切腹事件にはその続きの物語があったはずである。利休切腹の約五年後、秀吉によって千家の「復興」が認められたこと、大坂夏の陣のとき（一六一五年）、茶人大名古田《ふるた》織部《おりべ》が徳川家康に死を命じられたことなども、それぞれその続きの物語のひとコマだったのかもしれない。

だとすれば、その物語の終わりは、多分、京都の町衆を代表する商人であり、茶の湯をはじめ、さまざまな芸道に優れた人物としても知られた本阿弥光悦と徳川家康のあいだに、「政治的妥協」が成立し、光悦が家康の経済顧問の役割を買って出たときではなかったのだろうか。

　そしてその妥協成立の証が、一六一五年、家康が光悦に与えた洛北鷹峯《たかがみね》の地における、日蓮宗徒と芸術家の村、光悦村の成立ではなかったのだろうか。俵屋宗達《たわらやそうたつ》や尾形光琳《おがたこうりん》・乾山《けんざん》ら「琳派《りんぱ》」と呼ばれる人たちの活躍する、新しい京都（寛永文化）の魁《さきがけ》の誕生であった。ちなみに光悦の墓は、彼の邸宅跡に建てられた光悦寺《こうえつじ》にあり、尾形光琳の墓は妙顕寺境内にある。一目瞭然、日蓮宗徒の墓であった。

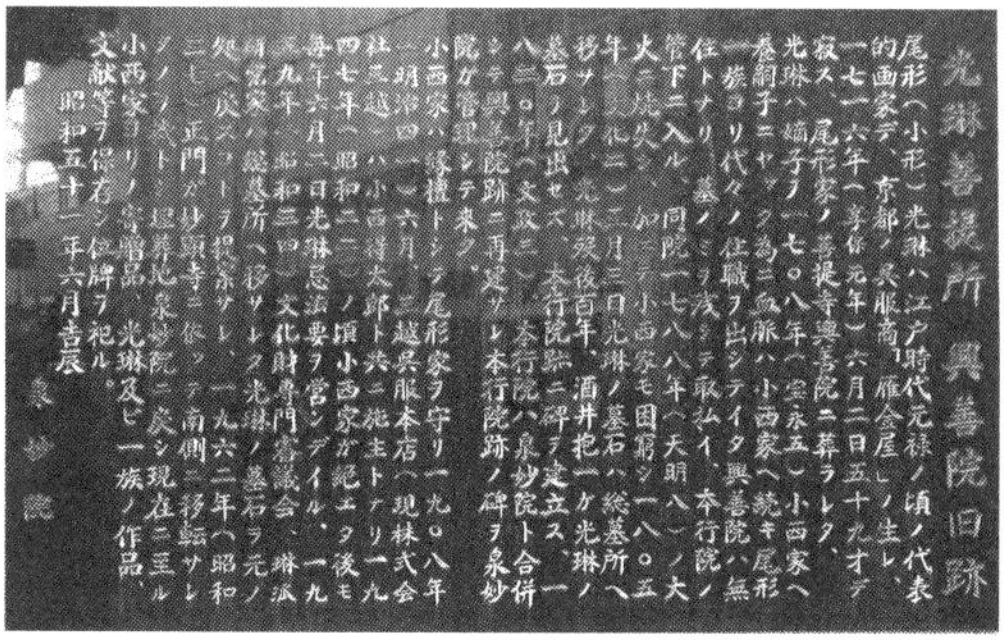

尾形光琳菩提所の碑　江戸時代初期に京都で活躍した芸術家尾形光琳の菩提所（興善院）跡に建つ碑。

　不審庵付近に赴き、さまざまに思いをめぐらせて感じたのは、「やはり茶は深い」であった。そして帰ろうとしたとき、もうひとつのことに気づいた。付近に「小川通」という通り名の元となった小川にかつて架かっていた「百々橋《どどばし》」という橋の跡があった。そこにあった説明書によると、その百々橋付近から一条戻橋《いちじょうもどりばし》付近にかけてが応仁の乱のとき、もっとも激しい戦いが繰り広げられた戦場であったというのである。

　ということは、利休は、応仁の乱のもっともモニュメンタルな記憶の場に、対話空間不審庵を建てたことになる。当然、偶然ではなかったのだろう。Teaismを、争いを乗り越え平和をもたらすための対話の技法ととらえた岡倉天心の予想の正しさが、裏付けられたような気がした。

次いで堺へ

京都散歩を終えて、私的には相当に深くいろいろなことを考えたつもりになったが、時間が経つにつれてまだ歩き残しがあるように思えてきて、何か落ち着かない気持ちになった。堺から多くの茶人が出たことの背景に、堺への日蓮宗の広がりがあったのではないかとの予想をたてておきながら、堺の町をいまだ歩いていないからであった。

そこで初冬の一日、堺に出かけてみることにした。南海高野《こうや》線の堺東駅を起点に、南西方向に、千利休の墓のある南宗寺に向かった。すると、妙顕寺を開いた日像の弟子日輪《にちりん》が一四世紀半ばに開いた法華寺《ほっけじ》や、本能寺を建立した日隆《にちりゅう》が一五世紀半ばに、みずからが開基となって開かせた顕《けん》本寺《ぽんじ》など、室町期創建の日蓮宗寺院が次々と現れた。そして妙法寺にたどり着いた。

妙法寺は、日像の弟子日祐が一四世紀中ごろに開いた泉州最古の日蓮宗寺院のひとつで、天文年間には法華の乱で京都を追われた妙顕寺の住職らが移り住んだことから（もともと妙顕寺が西洞院通二条と三条のあいだにあったため）「二条半」と呼ばれるようになり、檀信徒のひとり北向道陳（武野紹鷗の友であり、千利休の師）がそれをもじって「二畳半」の茶室を工夫したことで、茶の湯の寺としても知られるようになった寺院である。そしてさらに歩を進めると、日親（一五世紀）開山の本成寺《ほんじょうじ》などもあった。

室町期の堺が、同時代の京都同様、日蓮宗の影響の強い町であったことは、よくわかった。さらには天文法華の乱で京都を追われた日蓮宗徒の多くがこの町を目指したことも、理解できた。

そして妙法寺で一服しているとき、寺の関係者の方からおもしろい話を聞いた。

妙法寺　京都の妙顕寺を建てた日像の直弟子日祐の開いた、和泉国最古の日蓮宗寺院のひとつ。境内には千利休の師北向道陳の墓がある。

ひとつは、織田信長や豊臣秀吉や徳川家康といった天下人たちも、当時日本一の経済都市堺を支配するのに、日蓮宗を頼りにしたということであった。信長が本能寺の変で討たれたとき家康が堺にいたことはよく知られているが、そのとき家康が投宿していたのは、三好《みよし》四兄弟のひとり三好実休《じっきゅう》（義賢《よしかた》）が建てた妙國寺《みょうこくじ》であった。当然、宿を用意したのは信長である。そのことに象徴されているとのことであった。

ちなみに妙國寺は、明治維新直後の一八六八年二月一五日に堺で起きた――フランス軍水兵と土佐藩士の衝突事件――堺事件の責任を負わされた土佐藩士一一名が切腹を命ぜられた場所でもある。

それからもうひとつは、現在は妙法寺が建っている場所には、大坂夏の陣までは南宗寺が建っていたということであった。南宗寺といえば武野紹鷗や千利休の墓があり、紹鷗が奈良の村田珠《じゅ》光《こう》から学んだ侘茶をさらに進化させ、同寺の禅僧大林宗套《だいりんそうとう》に参禅《さんぜん》しながら「茶禅一味《ちゃぜんいちみ》」の境地を切り開いていった――そして利休がそれを受け継いだ――場所として知られているが、その南宗寺がかつてあったところに、大坂夏の陣以降は妙法寺が建つというのである。

当然、戦火による南宗寺の焼失と移転が契機ではあるが、はたしてその重なりは偶然なのだろうか。私には必然のように思えてならなかった。妙法寺に眠る北向道陳と、南宗寺に眠る武野紹鷗とは友人であり、その道陳と、同じく南宗寺に眠る利休が師弟関係にあったことを考えると、そう類推するのが自然のように感じられるからであった。

さて、ではこうして堺の町を歩いてみて感じたことは――？　紹鷗や利休の侘茶が、一五世紀末には一休宗純《いっきゅうそうじゅん》がいた臨済宗大徳寺派と特別に深い関係にあったことは、従来からよく知られているが、日蓮宗もまたそれに深いかかわりをもったことはあまり知られていない。それは問題ではないか、ということであった。

ちなみに大林宗套に深く帰依した戦国大名三好長慶《ながよし》が、父元長《もとなが》の菩提を弔うために創建――じつはそれ以前に存在した南宗庵《なんしゅうあん》という庵を拡張――した南宗寺も、臨済宗大徳寺派の寺院であった。不審庵を訪れたときの感想を再びもった。

その意味では、侘茶のシンボルである「二畳半」の茶室の生まれが、妙法寺からであったことの意義は大きい。そうしたことに着目しなければ、日蓮宗の檀信徒の多い堺の町人たちのあいだに、侘茶が浸透した理由が解けないではないか、と思った。不審庵では仮説であったことが確信に変わった。

ただ最後に南宗寺を訪れ、そこで語り継がれてきたおもしろすぎる物語に触れてみて、侘茶の形成にとって、やはり臨済宗大徳寺派の影響も相当に大きかったのではないかと、改めて思うようにもなった。そこでは、大坂夏の陣で真田幸村の急襲を受けた徳川家康が負傷し、南宗寺まで逃れてきてそこで絶命したことになっていた。だから南宗寺境内には家康の墓があり、さらにはその縁で東照宮が建てられたと、まことしやかに語り継がれていたのである。よくもまあそんなことを語り継いできて、お取り潰しにならなかったものだと感心し、堺人の反骨精神に脱帽させられた。

そして思った。この反骨精神は、五山十刹《ござんじっさつ》の制度からはずれ、一休宗純のような破天荒な「破壊坊主」を生み、それを許容した臨済宗大徳寺派の反骨（&風流）の気概と、一脈通ずるものがあったのではないかと。一休が、応仁の乱で荒廃した大徳寺を再建するのに頼りにしたのは、堺の商人であった。

やはり臨済宗大徳寺派の影響も無視すべきではないと、改めて思うようになった。そして関心は、堺から一休宗純に移っていった。

最後は一休寺

次に歩くべきは、一休の元に参禅して村田珠光が侘茶を開いた奈良（大和）であり、一休がそこを活動の拠点とし、そこで亡くなった酬恩庵一休寺《しゅうおんあんいっきゅうじ》（京田辺市）のある南山城《みなみやましろ》一帯だなと心に決めて、堺をあとにした。

なお、一休と茶の関係は深く、宇治橋のたもとに建つ茶舗の老舗「通園」もしばしば訪れていたようである。

酬恩庵一休寺 JR 京田辺駅から 20 分ほどのところに建つ、かつて臨済宗大徳寺派の僧一休宗純が活動の拠点とした酬恩庵が元となった寺。一休と交流のあった金春禅竹によってはじめられた薪能でも知られる。

第二節 「けいはんな」散歩

歴史のフィールドへ

こうして京都「茶の道」の散策をして思ったのは、やはり歩くというのは物事を考えることにつながる、ということであった。

そこであらためて思い出したのは、第一章を書くにあたっても、「南柯《なんか》」の方々とあちこち散策をしたことであった。当然、結社の皆さんは俳句をよみ、私は歴史家らしく史跡などの案内をした。ならば、そのときどきの記憶を皆さんのよまれた俳句とともにここに復元しておくのも、決して無駄ではないと思うにいたった。第一章の理解に役立つはずである。なお、皆さんの署名については俳号を使った。

そこで以下では、歩いた四つのコースについて記憶をたどり、散策の復元を試みることにする。

コース1　高麗寺（木津川市）から蟹満寺へ

高麗寺に咲くたんぽぽも渡来系　ひろし
遠霞橋は朽ちても行基の名　へちま
大地蔵錆し錫杖春の風　へちま
上狛の環濠跡の花筏　こぼ
近代の春や古墳をまつぷたつ　桃

奈良から行くと、JR奈良線木津川の次の駅が上狛《かみこま》駅だ。周りには食事するところもない小さな駅だが、二〇二二年春、我々はこの駅に降り立った。駅から一〇分ほど東に歩いたところに高麗《こま》寺《でら》跡がある。最近史跡整備がなされたきれいな寺跡だ。蓮華《れんげ》畑に囲まれ美しい。

創建が七世紀の前半とも後半ともいわれる寺の跡であるが、東西に並ぶ金堂と塔を回廊が囲む、斑鳩《いかるが》の法起寺《ほっきじ》と同じ様式が残る。ただ興味深いのは、回廊に設けられた中門の位置である。南側の回廊のちょうど真ん中にあってもよさそうなのだが、金堂の正面にある。この寺をつくった人びとにとって、塔よりも金堂のほうが重要な施設だったことをうかがわせる。

では、仏舎利（釈迦の骨）を納めた塔よりも大事な金堂には、何が納められていたのか。これは私の推論だが、釈迦如来像の姿をした聖徳太子の偶像が納められていたのではないかと思う。それは、聖徳太子をモデルにつくられたとされる、法隆寺金堂の釈迦如来像と同タイプの仏像である。今は蟹満寺《かにまんじ》に安置されている、国宝の釈迦如来像がそれではないかと密かに思う。当然そういう説はある。

となると、かつての高麗寺では、仏舎利を納めた塔よりも、聖徳太子の偶像を納めた金堂のほうが敬われていたことになる。高麗寺は、南山城《みなみやましろ》におけるもっとも早い時期の聖徳太子信仰の中心だったということになる。そうなると近くの山中にたたずむ、聖徳太子創建を謳《うた》う神童寺《じんどうじ》とのつながりも気になる。こちらは山城国における修験道の一大中心だ。彩色豊かな仏像の数々が印象的だった。

高麗寺から蟹満寺へ

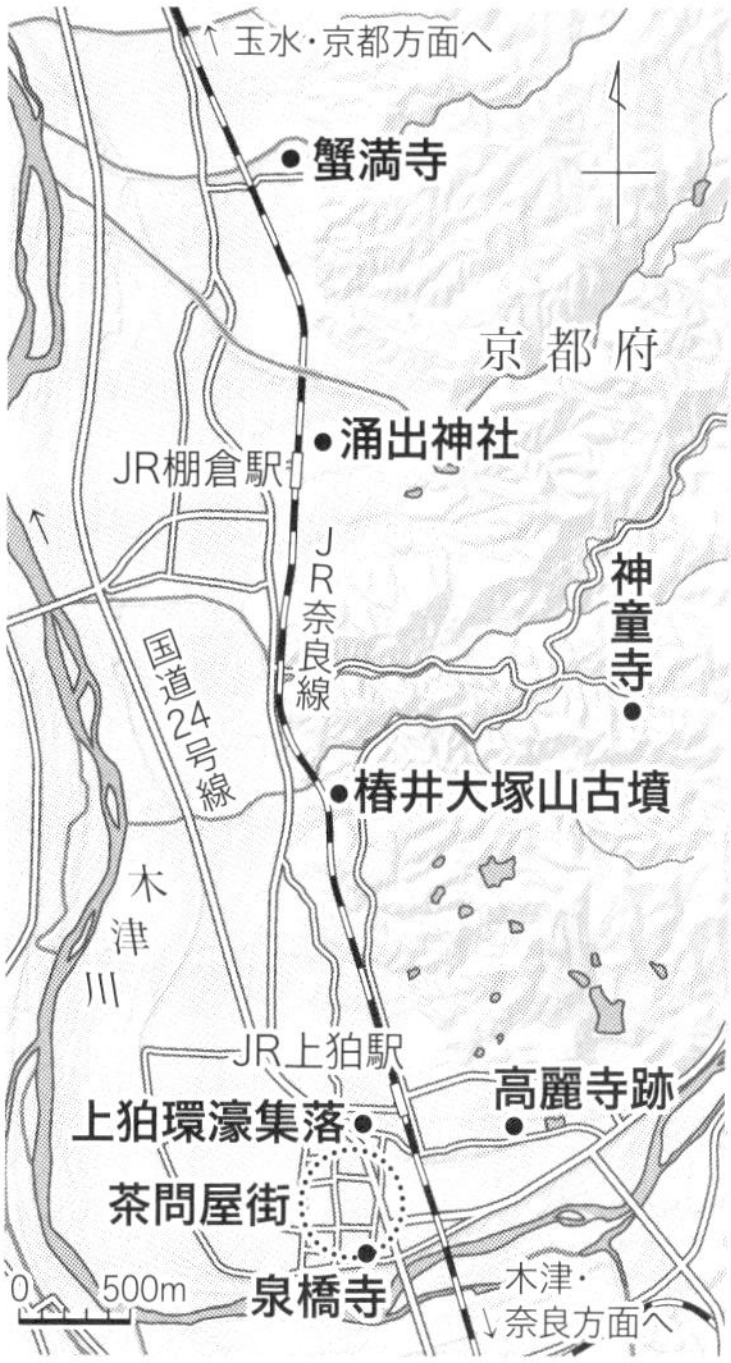

高麗寺跡で昼食をとったあと、東に行くと京都府立山城資料館にいたるが、我々は西に進み、駅を越えたところを今度は南に折れ、国道二四号

石の地蔵尊　泉橋の建設に際して行基が建てた泉橋院を前身とする泉橋寺に、鎌倉時代に建てられた高さ 4.58 メートルの石造仏。

線も越えて、茶問屋街（ストリート）にいたる。たくさんの茶問屋が立ち並び、宇治茶の拠点のひとつがここにあることに驚く。「伊右衛門」で知られる福寿園もここにある。そして福寿園の前に「山城茶業之碑」が建ち、茶問屋街のある由来が書いてあった。

明治時代、山城一帯で採れた茶葉が、木津川に沿ってここに集められ、ここから再び木津川・淀川を使って神戸に運ばれ、海外に輸出されたのがはじまりだそうだ。鉄道や車のなかった時代の木津川水運の重要性が、あらためて浮き彫りになる形であった。

そうなると少し気になったのは、かつて宇治茶にも紅茶の時代があっただろうということである。神戸港から輸出された茶は、圧倒的に紅茶であったはずだからである。和紅茶にも意外と長い歴史のあることに気づき、明治の和紅茶を飲んでみたいとの衝動に駆られた。

さて茶問屋街を抜けて木津川河畔に達すると、そこには、かつて木津川（泉川と呼ばれていた）に「泉橋」を架けた行基《ぎょうき》ゆかりの泉橋寺《せんきょうじ》が建つ。少しおもしろいお顔の石の地蔵尊が迎えてくれるので、ホッとする。ここに行基が橋を架けなければ、恭仁《くに》京も平安京もなかったと思うと、行基の偉大さにしばし圧倒された。そういえば、かつて鈴鹿関《すずかのせき》のあった三重県の関宿《せきじゅく》にも、行基創建の関地蔵院が建っていた。行基はあちこちに旅した僧侶なので、地蔵尊とは特別の縁があったのではないかと、ふと思った。

そして木津川の堤防で、川面を渡る風を感じながら一服。今度は北に歩を進め、再び国道二四号線を越えたところで、中世に高度な住民自治を発展させた上狛の環濠集落に入る。環濠もよく残っており、一四八五年に起きた山城国一揆の基盤となった社会の片鱗《へんりん》に触れたような気がして、少し勇壮な気分になった。自治とは、今も昔も戦わずして得られるものではない。

そしてさらに北へ。椿井《つばい》の集落に入ると、古墳時代初期の大型の前方後円墳（墳丘長一七五メートル）椿井大塚山《つばいおおつかやま》古墳に行き着く。三二面もの三角縁神獣鏡が出土したことで有名な古墳で、一時期は卑弥呼の墓ではないかともいわれていた。一九五三年の国鉄（現JR）奈良線の拡幅工事のときに、竪穴式石室が偶然発見された関係

上狛の環濠集落　今も残る環濠の一部。

椿井大塚山古墳　わかりにくいが、後円部から前方部を眺めたところ。あいだにJR奈良線の線路が走っている。

で、墳丘の真ん中を線路が走るという独特の景観をなしている。開発と保存の奇妙な関係がかいま見えておもしろい。

ただこのあたりまで来ると、もう足は棒、誰も無口になってひたすら歩く。そして、そろそろ夕暮れという時間になって、ようやく上狛の隣の棚倉駅にたどり着く。こちらも寂しい駅だが、駅の前には和伎坐天乃夫支売《わきにますあめのふきめ》神社という（通称「涌出宮《わきで》」）、『延喜式』では「大社」に列せられた由緒ある神社が建つ。ただし、和伎坐天乃夫支売命とはいったい如何《いか》なる神なのかは、記紀にも載っていないので、わからないそうだ。

そしてそこから約三〇分、『今昔物語』などに載る「蟹の恩返し」で有名な蟹満寺《かにまんじ》まで、最後の力を振り絞って歩いた。当然、国宝釈迦如来坐像に会うためであった。密かに高麗寺のご本尊であってほしいとの願いを込めた。

コース2　祝園神社（精華町）から稲屋妻城跡へ

祝園に往古の戦散り紅葉　　へちま
丘ひとつ親族《やから》の古墳小六月　　へちま
鞍岡山一号墳に木の実落つ　　こぼ
城山に蟬の雄叫び自由自治　　泰

二〇二二年夏、酷暑のなかをJR奈良線の祝園《ほうその》駅に降り立つ。春は木津川右岸を歩いたので、今度は左岸を歩かねばと思い、今回のコースを選んだ。まず目指したのは、祝園の集落を越えたところに建つ祝園神社だ。

崇《す》神《じん》天皇の時代というから、多分三世紀の後半のことだろう。この地で反乱を起こし、敗死した武埴安彦《たけはにやすひこ》の霊を鎮めるために、称徳《しょうとく》天皇が、春日大社からの勧請を得て建立したとされる神社だ。毎年正月、埴安彦の霊を鎮めるために三日間行われる「いごもり祭」は、京都府の無形民俗文化財にも指定されているとのこと。ただし謎が多いらしく、一度見てみたいと思った。

なお祝園神社の近くには、埴安彦が斬首されたとされる場所もある。「崇神帝十年役　武埴安彦破斬旧跡」の碑が建っている。そもそも祝園という地名自体が、埴安彦軍が大勢「屠《ほふ》られた」地、

崇神帝十年役武埴安彦破斬旧跡
伝えられる埴安彦終焉の地。祝園神社の少し南にある。

すなわち「ほふりその」からきているとのことだ。

ただ思ったのは、なぜ八世紀も後半になって、称徳天皇が、五〇〇年も前のことを思い出し、鎮魂の必要を感じたのかである。我々が戦国時代のことを思い出すようなものである。ちょうど御霊《ごりょう》信仰がはじまったころである。その同時代的背景のほうを知りたいと思った。

さて祝園神社をあとにすると、今度は下狛の鞍岡《くらおか》天満宮（現在は鞍岡神社）に向かった。鞍岡山の山上に建つ神社である。ただそこで興味をひかれたのは、鞍岡山山上には、古墳が点在していたことであった。天満宮の祭神菅原道真は、本を正せば土師《はじ》氏（近くに「垂仁《すいにん》天皇陵」のある奈良市菅原）の出であり、土師氏といえば、出雲からやってきた野見宿禰《のみのすくね》を祖とする一大土木技術者集団であった。当然、古墳づくりは彼らの生業であった。ということは、この神社は、かつてこの地で土師氏が栄えたことの痕跡かと思った。

そしてその後、そのことについて思いをめぐらせながら下狛の集落を越え、「せいか山辺《やまのべ》の道」

を城山の麓《ふもと》に建つ武内神社に向かった。武内宿禰《たけしうちのすくね》を祀る神社である。石清水《いわしみず》八幡宮からの勧請を請けて建てられたとのこと。八幡宮の祭神神功《じんぐう》皇后や応神《おうじん》天皇と、武内宿禰の深い関係がその背景にある。

かつてこの神社の前の道を、石清水八幡宮に参詣する人たちが、ひっきりなしに通ったのだろう。ただそこで興味深かったのは、武内神社よりもその裏山のほうであった。かつて稲屋妻城《いなやつまじょう》があり、一四八五年に起きた（宇治平等院で決起）山城国一揆の終焉（一四九三年）の地となったところだ。残念ながら史跡としての整備がほとんどなされていなかったので、「日本民主主義発祥の地」と書いた石碑ぐらい建っていてもよさそうなものだと、少し悪態をつきながら、山中を彷徨《さまよ》ってみた。

ただ彷徨いながら、昔奈良女子大学に城郭研究の権威村田修三先生がおられたころのことを

祝園神社から稲屋妻城跡へ

思い出していた。研究室で対馬に行ったとき、宿舎で先生は、古代人は概念に合わせて城や道をつくり、中世人は実際の地形に合わせてそれらをつくったとおっしゃられ、翌日登る金田城《かねだじょう》（古代の山城）の説明をしてくださった。

そこで、その話があまりに示唆的だったので、翌日、何人かの学生と語らって金田城まで早朝散歩に出かけてみた。すると道が城の頂まで真っすぐに伸びていたので、さすが古代人ということで皆感嘆の声を上げた。しかし頂まで登ってみると、そこにあったのは日露戦争のときの砲台跡であった。真っすぐ伸びていたのは近代の軍道だったのである。皆で笑い、朝食に戻った。このようなことを思い出しながらの彷徨いは楽しかった。そして稲屋妻の名が、北稲八間《きたいなやづま》、南稲八妻《みなみいなやづま》として、今なお地名に刻まれていることにも興味をひかれた。

ただ、あまりの暑さに頭がぼーっとしてきたので、あとは一路、冷たいものを求めて祝園駅を目指すこととした。ただ、偶然か、はたまた必然か、その途中、道の右側（南側）に、丸山古墳と呼ばれる円墳のあることに気づいた。調べてみると、なんと野見宿禰の墓との言い伝えをもつ古墳だというのである。へー、こんなところに、と驚いた。

野見宿禰といえば古墳づくりに活躍した人というイメージがあるので、やはり大和盆地か河内平野が定位置だ。木津川左岸にはそれほど大きな古墳もないので、正直いって驚いた。そしてさらに驚いたのは、帰ったあと調べてみると、木津川と、その下流の淀川周辺には、野見宿禰の墓との言い伝えをもつ古墳が三つもあったことだ。なぜ？　鞍岡天満宮で生まれていた問いが、急にふくらみはじめた。そこで、もう少し涼しくなったらもう一度来て、この問いをさらにふくらませてみようと約して、そのあとは兎《と》にも角《かく》にもビールで喉を潤すことのできる場所を求めて、帰途についた。

そして晩秋の一日、今度は車で再訪。ついでに、隼人《はやと》の居住地として有名な京田辺市大住《おおすみ》の、隼人舞発祥の地月読《つきよみ》神社と、その近くの車塚《くるまづか》古墳を経由して、高槻の今城塚《いましろづか》古墳にまで足を伸ばした。これも再訪であった。

コース3　上宮天満宮（高槻市）から松尾大社へ

五月雨や野見宿禰の墓ぽつり　美也子
草刈機おけばガイドの顔となり　桃
遠雷や京短命の柱跡　へちま
大酒（大避）の名を負う社に蟬の声　泰

ふくらみはじめた問いは、とことん問わなくてはならない。秋まで待てなかった。そこで旬日をおかず、野見宿禰の墓伝承のある古墳を求め、これも夏の暑い日、高槻に向かった。

というのも、木津川と、その下流の淀川周辺に三つある野見宿禰の墓伝承のある古墳のひとつは、高槻市にあったからである。JR高槻駅から北に一〇分ほど行ったところに上宮天満宮《じょうぐう》があり、その境内にある宿禰塚古墳《すくねづか》というのがそれだ。

その上には、野身神社というそれこそ野見宿禰を祀る神社が建っていた。ここも鞍岡八幡宮と同じように、古墳づくりに長《た》けた土師氏の勢力圏内に、土師氏から出た菅原道真を祀る天満宮が建てられたということなのか。しかも上宮天満宮は、九州太宰府にある太宰府天満宮に次いで、日本で二番目に古い天満宮だとのこと。上宮天満宮周辺に拠点をおいていた土師氏の力の大きさが推測される。

そして、野身神社のところに立っていた神社の説明書を見たとき、精華町《せいかちょう》の鞍岡古墳や丸山古《まるやま》墳を見たときに抱いた疑問が氷解した。野見宿禰を祀る神社で、式内社《しきないしゃ》に列せられる神社は、全国に四社しかなく、そのなかの一社がここ宿禰塚古墳の上に建つ野身神社だというのである。

では、ほかの三社は——。尾張国木曽川流域に一社、三河国矢作《やはぎ》川流域に一社、因幡《いなば》国の海沿いに一社である。野見宿禰率いる土木技術者集団の生業の要は、古墳づくりではなかった。治水だったのである。だとすれば、その拠点が木津川・淀川流域に多いのもわかる。墓三つぐらいは、どうってことないと思えてきた。

では木津川・淀川流域で、三つ目の野見宿禰の墓伝承のある古墳はどこか。寝屋川市にある太秦高塚《うずまさたかつか》古墳である。となると、少し気になることが出てくる。「太秦」の地名である。さらにはその太秦高塚古墳の近くに、秦河勝《はたのかわかつ》の墓と伝承されている墓があることである。もしかしたら、土師氏のみならず、秦氏も木津川および淀川の治水に深くかかわっていたのではないか、との推測が生まれる。

秦氏の活躍がなければ、長岡京や平安京の建設はありえなかったが、長岡京・平安京建設の最

上宮天満宮から松尾大社、今城塚古墳から樟葉宮跡へ

大の障害が桂川であり鴨川であったことを考えれば、その推測は成り立つ。のちに白河上皇が鴨川の流れと、山法師（比叡山の僧兵）と、賽《さい》の目だけは思うに任せない、と言ったことは有名である。

ならば、木津川・淀川治水のことを考えるのなら、土師氏の影を追うだけでなく、秦氏の影も追わなくてはならないだろう。そこで上宮天満宮のあとは、まず長岡京跡へ、次いで秦氏の氏神松尾《まつのお》大社へと向かうことにした。

ただその前に昼食もとらなくてはならなかったので、整備された史跡公園にレストランがあると聞いて、阪急高槻市駅の少し北側にある弥生遺跡安満《あま》遺跡に立ち寄った。淀川右岸にある弥生遺跡としては、茨木市にある奈良遺跡と並ぶ大きな遺跡だそうだ。

食事はともかく、行ってみてよかった。弥生の環濠集落の特色がよく見られたからである。環濠の内側よりも外側のほうが盛り土が高かった。環濠がもし防御施設ならばありえないことであった。多分、環濠は外から中を監視するための施設だったのだろうとは私の仮説だが、弥生時代についてあらためて考えてみる機会を得た。また、最近の史跡公園整備のすばらしさも実感できた。

そのあと阪急電車で高槻市駅から西向日《にしむこう》駅まで行き、長岡京跡を訪ねた。長岡京が仮の都などではなく、本格的な都として建設されたことを、情熱をもって語る係の方の説明に聞き入った。

そして最後に、桂を経由して松尾大社に行った。祭神は大山咋神《おおやまくいのかみ》であるが、いつも悩むのはその正体である。しかし、今回は違った。その大山咋神を祀った秦氏は、木津川・淀川治水に深くかかわった人たちではなかったのか、との仮説を立てて行ったので、その甲斐《かい》あってか謎が氷解した。

同じく木津川・淀川治水にかかわった人物に、神武《じんむ》天皇の皇后媛蹈鞴《ひめたたら》五十《い》鈴《すず》媛《ひめ》の祖父三島湟咋《みしまのみぞくい》（摂津国三島郡が拠点）がいたが、名前が似ていると思った。湟（溝）に咋（杭）を打つ人というその名前は、治水を生業にする人にふさわしい名前だった。

ならば大山咋神も、山を削って、川に杭を打つ神ぐらいの意味になりはしないだろうか。そしてその神を祀る秦氏もまた、土師氏同様、木津川・淀川治水に深くかかわった豪族ということになりはしないだろうか。とにかく頭の雲はいちおう晴れた。

せっかくここまで来たので、聖徳太子の命を受けて秦河勝が建てた太秦の広隆寺《こうりゅうじ》を訪ねてみたいと思ったが、日が暮れてきたのでまたの機会にすることにした。

コース4　継体天皇の足跡を訪ねて——今城塚古墳（高槻市）から樟葉宮跡（枚方市）へ

炎天に無為の埴輪の目鼻口　　桃

死者生者共に小春の塚公園　へちま
うまあひる埴輪隊列して小春　桃
樟葉宮社《やしろ》の杜《もり》の散り紅葉　こぼ

木津川・淀川治水に関心をもちはじめると、どうしても気になるのが、即位後二〇年のあいだ木津川・淀川流域にとどまり、その後大和に入ったが、最後は淀川河畔（高槻市）の三島藍野陵《みしまのあいののみささぎ》に葬られた継体《けいたい》天皇のことである。そこで考古学者の大久保徹也さんの案内を得て、今ではそちらのほうが本当の三島藍野陵だとされる今城塚古墳を訪れた。

大きな古墳であり、陵墓指定がなされていないために墳丘部にも自由に登れたので、古墳とはこんなものか、との思いを深めながらけっこう楽しんだ。埴輪の復元が見事で、小さな子どもを連れてくると喜ぶだろうなとも思った。

では、なぜ継体天皇は、この木津川・淀川流域に二〇年ものあいだ、とどまったのだろうか。普通いわれているのは、越前の出身で、しかも応神《おうじん》天皇五世の孫というやや怪しげな出自なので、なかなか大和に入れなかったからということであるが、本当だろうか。積極的な理由があまり聞かれない。

ならばいちど、その人となりに触れてみようと思い立ち、さすがに全員というわけにはいかな

継体天皇　福井県福井市足羽神社境内の継体天皇像。なんとも愛くるしい。

継体天皇関連地図

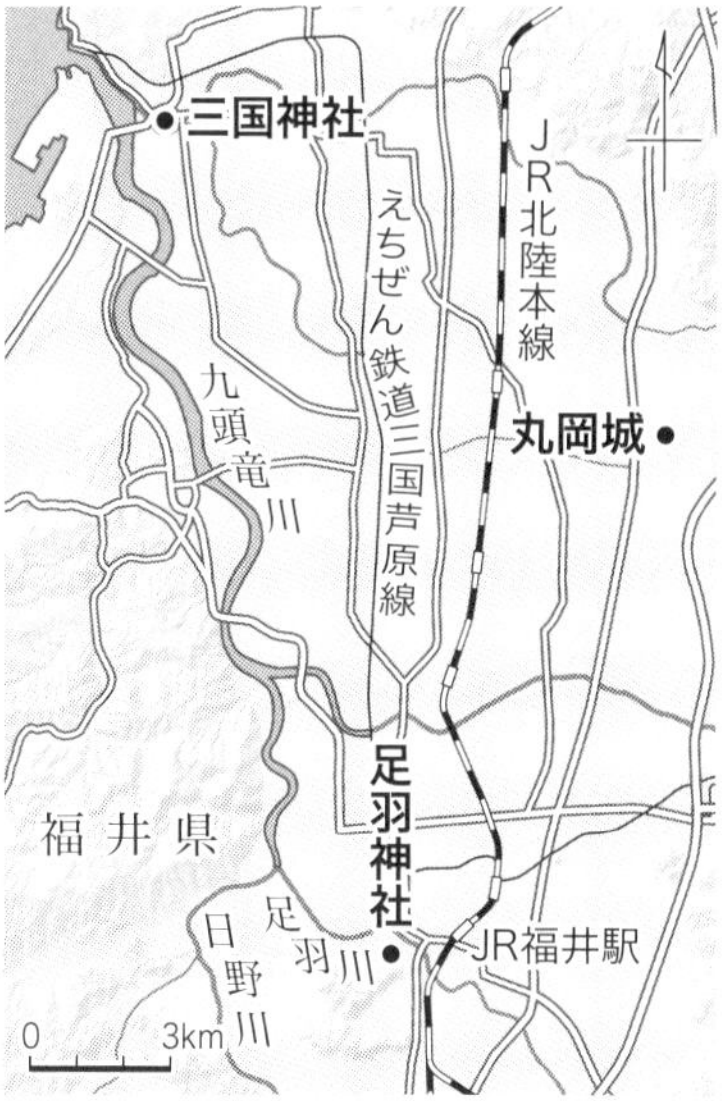

かったが、私は後日、ひとりで越前（福井県）に向かった。久しぶりの特急サンダーバードの旅は楽しかった。

　そこでまず訪れたのは、福井市にある越前国一宮足羽《あすわ》神社である。当然祀られているのは継体天皇である。足羽川や九《く》頭竜《ずりゅう》川の治水をし、越前平野を沃野に変えた功績が讃えられていた。なんともいえない継体天皇の像が印象的であった。

　次いで、福井市から少し北に行ったところにある丸岡城と、その城下に建つ国《くに》神《がみ》神社を訪れた。継体天皇の息子椀子皇《まるこのおう》子《じ》がこの地に降り立ったことから丸岡の名は生まれたとのことだったが、国神神社の祭神はその椀子皇子であった。彼の功績もまた治水であり、広大な湿地を乾《かん》田《でん》に変えたことであった。父男大迹王《おほどのおう》が、大王（継体天皇）として畿内に呼ばれたあと、越前国支配を引き継いだ人物だ。

そして最後に、九頭竜川の河口三国港を訪れた。知る人ぞ知る、日本海交通の要衝だ。三国の鎮守三国神社を訪れたが、ここでも祀られているのは、大山咋神と並んで、継体天皇であった。九頭竜川河口を開鑿《かいさく》し天下の良港を開いた、その功績が讃えられていた。

なお、せっかくレンタカーを借りたので、蓮如《れんにょ》ゆかりの吉崎御坊《よしざきごぼう》も訪れてみたが、それは省略する。

治水の人、継体天皇

やはり継体天皇は治水の人であった。だとすれば、木津川・淀川河畔に二〇年ものあいだ暮らしたのは、単に大和に入れなかったからだけではなかったはずだ。やはり木津川・淀川治水に深くかかわったからなのだろう。

さて、継体天皇は五〇七年に樟葉宮《くすはのみや》で即位し、長くそこにとどまる。話は戻るが、今城塚古墳のあとは淀川を渡り、その樟葉宮跡を訪ねることとした。そして訪ねてみて驚いた。後年、桓武《かんむ》天皇が郊祀《こうし》（都市の郊外で行う祖先祭祀）を執り行った場所だったのである。

七八五年一一月、河内国交野《かたの》郡柏原《かしわら》で桓武天皇は郊祀という中国風の天地と祖先に対する祀りを行う。一般には彼が漢風文化の影響を強く受けていたからとされているが、その前年、彼が長岡京遷都を断行していることを忘れてはならない。新都の弥栄《いやさか》を祈っての、天地と祖先に対する感謝だったととらえるのが自然だろう。

そして、その祖先のなかに父光仁《こうにん》天皇だけでなく、継体天皇も含まれていたとしたらどうだろうか。長岡京は、淀川や桂川の治水がなければ誕生しえない都であった。そのことから逆に、木津川・淀川治水における継体天皇の功績の大きさが浮かび上がるのではないだろうか。

さて、このあたりで日も傾いてきたので、いったんは帰途につこうかと思ったが、どうしても確かめておきたいことがあったので、再度高槻に戻り、阪急電車で茨木市駅まで行った。バスで阿為《あい》神社に行くためである。継体天皇陵は藍野陵と呼ばれるように、摂津国三島郡藍野に築かれた古墳であるが、どうもこの「あい」という地名が気になって仕方がなかった。近くには安威《あい》川という川が流れ、その上流に阿為神社がある。

しかも、その阿為神社の建立には藤原鎌足がかかわっていたようで、その近くには鎌足の墓とされる阿武山《あぶやま》古墳がある。ということは、藍野は後世まで、とんでもなく重要な地であったことになる。いったいどんなところだったのだろうか。なぜ継体天皇は藍野を選んでみずからの墓所にしたのだろうか。そもそも「あい」とは、いかなる意味なのだろうか。とくに『延喜式』神名《じんみょう》帳《ちょう》に書かれた「摂津国島下郡《しまのしも》　阿為神社　鍬靫《すきゆき》」の「鍬靫」の意味が気になった。

当然行ってみたからといって、答えが見つかるわけではない。ただ藤原氏とはいったい何だろうということも含めて、問いだけはふくらんだ。

そしてふくらんだ問いに答えを出すべく、ここも晩秋、再度の訪問をした。


さて、歩くというのは楽しい。かつて松尾芭蕉は陸奥を経巡《へめぐ》りながら、連歌から派生した俳句を独立の芸術にまで高め、西田幾多郎は哲学の道を散策しながら、「善」についての思索を深めた。我々もその故知に倣《なら》ってみた。ただし、「南柯」の方々は芭蕉の後を追い、私は西田の後を追う形となったが。

どの程度深い思索ができたかは、本書全体を読んで評価していただきたい。ただ、とんでもない距離を歩いたのは事実だ。その爽快感は残った。

けいはんな
KeiHanNa
RISE歴史・文化講座
01

第三章◎茶の湯と市民社会の形成——「悟り」の変容から

はじめに

ロシアのウクライナ侵攻以来、市民社会が存在することの重要性があらためてクローズアップされている。市民社会なき独裁国家の暴走に、戦慄が走ったからである。だから二〇二二年のノーベル平和賞も、ロシアやベラルーシで市民社会を取り戻そうと努力する人びとに与えられた。

では翻って、この国に市民社会は育っているのだろうか。各級選挙における投票率の低さや、言論なき国会のありさまなどを見ていると、多分、悲観的にとらえる人が多いのではないかと思う。

しかし私は、必ずしもそうは思わない。この国の人びとは、たしかに長い歴史のなかで、自分たち独自のやり方で市民社会を育ててきたと思う。そしてそれを象徴するのが、かつては畿内と呼ばれ、上方と呼ばれた「けいはんな」の活力だと思う。二〇二五年大阪・関西万博が成功すれば、まだその「けいはんな」の活力は残されており、この国の市民社会もそれなりに健全だということが証明されるのではないかと、期待している。

では、なぜそう思うのか。以下、その理由を述べてみたいと思う。

そしてそれは、前章で歩みを進めた「茶の道」を極めることともつながっている。日露戦争という未曾有《みぞう》の国難に遭遇したとき、岡倉天心が日本人の根底的な一体感を回復するために、『茶の本』を書かざるをえなかった歴史の必然(遠因)に分け入ってみたい。

第一節　聖徳太子による最初の一歩

市民社会の必要条件

さて、その市民社会とは、いったいどのような社会のことをいうのだろうか。

まずは、人が自由で平等な社会である。人は本来、誰であれ、なにごとも自由に行える権利（基本的人権）を有しており、よほどのことがないかぎり、それは制限されてはならないと考える社会である。だから、それを制限する側に回りがちな政府は、最小限の政府、「小さな政府」が好ましいとする社会である。

しかし、それだけでは市民社会にならない。もうひとつ、その自由で平等な人が集まって、自主的に社会の秩序を形成し、維持していくことのできる社会でなくてはならない。自由で平等な人びとに、その自由・平等を抑制的に行使することを求めることのできる社会でなくてはならない。しかし、これがむずかしいのである。通常、自由・平等は人の私利私欲を解放し、むしろ社会の秩序を破壊する方向に向かう。それをそうさせない規制を人の心の中に設けることのできる社会、それが市民社会なのである。

その規制を人の心の中に設けることができなければ、その規制は外から加えられるしかなくなるので、必然的に社会の上に専制的な国家が立ち上がる。フランス革命以来の市民社会の形成史が、同時にナポレオンやナポレオン三世の専制・独裁によって、幾度も中断された歴史でもあったことを忘れてはならない。

「聖」の創造

では人の心の中に、自由・平等を私利私欲の暴走につなげさせない自己規制力（理性）を植えつけるということは、この国においては、どのようなプロセスをたどって行われたのか。

一七条憲法を発したとき、人には「私」のあること、そしてその「私」はたちどころに「恨み」に転じて家や社会を滅亡に追いやってしまうことを聖徳太子は憂えて、「以和為貴《わをもってとうとしとなす》」と言った。人が「私」をもつことは仕方がないが、それを言葉の争いを越えた争いにしてはならないと言ったのである。

しかし彼の願いも虚《むな》しく、言葉の争いを越えた争いは後を絶たなかった。その最たるものが、時間は前後するが、彼も深くかかわった崇仏《すうぶつ》派と廃仏派の争いであり、彼の死後に起きた蘇我入《そがのいる》鹿《か》による彼の最愛の息子山背大兄王《やましろのおおえのおう》に対する襲撃であり、大化改新（乙巳《いっし》の変）であった。ただ「以和為貴」と繰り返すだけでは、人の「私」が「恨み」に転じることを防ぐことはできなかった。ならば法を制定して、「以和為貴」ということも法に書き、法の力によってその争いを防ごうという考えが浮かんだ。一七条憲法の制定はまさにその具現であった。

しかし、そこでひとつの壁に突き当たった。法には、法を法たらしめる、釈迦のごとき悟りを開いた聖《ひじり》の権威が欠かせないが、釈迦以外にその聖がいなかったのである。だから一七条憲法第二条には、「篤敬三宝《あつくさんぽうをうやまえ》」と書きこんだ。その聖を釈迦に求め、仏法を以て法の根源としたのである。しかし、釈迦は死んですでに一〇〇〇年以上が経つ、異国の聖であった。その権威にはリアリティーがなかった。やはりこの国に今を生きる聖が必要だった。

そこで聖徳太子は、聖を探して彷徨《さまよ》うこととなった。そしてあるとき、斑鳩宮《いかるがのみや》に近い片岡（今の王寺町《おうじちょう》）というところで、ひとりの飢人《きにん》に出会った。気の毒に思い、太子は食べ物と衣服を与えて帰ったが、時すでに遅くその飢人は死んでしまった。そこで太子はその飢人のために墓をつくらせた。

ただその後、もしやその飢人こそ「真人《ひじり》」ではないかと思いたち、使いを送ってその墓を見にやらせた。するとその使いが、死骸はすでになく、太子からいただいた服だけがきちっと折りたたんで置いてあったと復命した。太子の予想は当たった。太子はその後、その飢人がいちどは袖を通した服を着て過ごし、人びとから「聖は聖を知る、したがってその飢人が聖であることを見抜いた太子もまた聖なり」と賞賛された。

太子は、人が聖と見なされる条件を発見したのである。死して蘇るというのがその条件であった。キリストがゴルゴダの丘で処刑されて三日後に蘇り、みずからの聖性を証明したことと通底していた。

ならば聖徳太子の進むべき道はひとつであった。みずからが死して蘇り、聖となるしかなかった。事実、彼は四九歳の若さで死に（六二二年）、その約二〇年後に蘇った。六四三年、「以和為貴」との父聖徳太子の教えを忠実に守り、蘇我入鹿に攻められても武を以て争うことをせず、山背大兄王が一族もろとも自死を選んだとき、長柄《ながえ》の傘を差し掛けられて天から地上（寺＝法起《ほっき》寺《じ》）に向かって降りてきた人物がいた。聖徳太子である。たしかに聖徳太子は蘇り、その後のこの国に聖として君臨したのである。では、彼が蘇った証拠は――。

ひとつは、その蘇りが蘇我入鹿によって目撃され、目撃した蘇我入鹿が「天子」を自称するようになったことである。それはキリスト復活の目撃者パウロが使徒聖人になったのと同じであった。その場合、そもそも入鹿は山背大兄王を死に追いやった張本人、パウロはキリスト教弾圧の急先鋒であったことが重要であった。敵の目撃証言に勝る証言はないからである。

二つ目は、太子の死後旬日《じゅんじつ》をおかずして太子の偶像がつくられたことであった。彼に似せてつくられたといわれる法隆寺金堂の釈迦如来像がそれだ。あとで述べるように、偶像は死者のためにつくられるものではない。姿は見えないが、現に生きている聖（絶対者）を可視化するためにつくられるものである。復活を遂げたキリストは生きつづけており、悟りを開いて無量寿《むりょうじゅ》（無限

法隆寺釈迦三尊像　当然異論もあるが、釈迦如来像は聖徳太子が亡くなった翌年（623年）、止利仏師によって、太子の面影を刻む形で製作された仏像とされている。同じ止利仏師の作でも飛鳥大仏と比べると、仏像にとってのモデルの有無の大きさがうかがえる。

に近い寿命）を得た釈迦も生きている。だからイコンがつくられ、仏像がつくられたのである。その死後ただちに偶像がつくられたということは、聖徳太子の死が、そもそも復活を予定した死であったことの証であった。

そして三つ目は、その彼の偶像を安置する金堂が、釈迦の骨（仏舎利）を安置する塔と対等に並ぶ、法隆寺様式の伽藍《がらん》配置が生まれたことであった。それは彼が釈迦同様に祀られる存在になったことを意味した。祀られる存在としての彼とは、普通に偉大だった彼ではない。聖となった彼であった。そして彼が釈迦同様の聖になる方法は、死して蘇るしかなかったのであった。

かくて七世紀後半から八世紀にかけて、聖となった聖徳太子が、そもそも聖である釈迦と並んで、この国の最上位に君臨する時代が訪れた。法隆寺金堂の釈迦如来像は、そのふたりの聖をともに表す偶像として崇拝され、なによりも六七〇年にいちど焼失した法隆寺が、天武《てんむ》朝から聖武《しょうむ》朝にかけて、まさに法隆寺様式の伽藍配置をもつ寺院として再建されたのが、その表れであった。

そして、ふたりの権威を背景に、律令（大宝・養老）など法の整備が進んだ。人びとの生活全般が法に規律される社会が生まれた。なお、かかる時代が到来したからこそ、かつての厩戸皇子は聖徳太子と呼ばれるようになり、太子信仰が一挙に拡大した。『日本霊異記《にほんりょういき》』によって太子の生まれ変わりとされた聖武天皇などは、その信徒代表といったところだったのかもしれない。

【コラム②】仏像について

明治維新が起きたとき、同時に起きたのが廃仏毀釈《はいぶつきしゃく》の嵐であった。無住無檀の寺は次々と破壊され、神社と寺の強制的な分離が図られた。奈良周辺でも興福寺はいったん廃寺となり、僧侶たちは還俗《げんぞく》して春日大社に逃げ込んだ。また、石上《いそのかみ》神宮の近くにあった内山永久寺《うちやまえいきゆうじ》などは、完全に破壊されてしまった。長年神仏習合が常識化していた日本の仏教界にとって、それは驚天動地の出来事であった。

しかし世が移り、廃仏毀釈の熱気も冷めると、今度は一転、破壊された寺院や仏像の保存を考える人びとが現れた。一八七七年に、幕末以来の懸案であった大和行幸（神武《じんむ》天皇陵参拝）を行った明治天皇が、法隆寺の復興に一万円を下賜したのがはじまりであった。その見返りに法隆寺はその翌年、明治天皇に宝物約三〇〇点を献納する。それがその後、正倉院御物《しようそういんぎよぶつ》などとともに皇室所有御物の中核を占めることとなった法隆寺献納宝物となり、「日本の美」の原点に据えられた。現在は東京国立博物館に所蔵されている。

ただ元に戻ることはなかった。寺院や仏像は信仰の対象としてではなく、歴史の「証徴」や、美術品として保存された。だからその保存に尽力したのは、フェノロサや岡倉天心など、美術行政に深くかかわる人びとであって、宗教者ではなかった。そして一八九七年に制定されたのが、「特ニ歴史ノ証徴又ハ美術ノ模範」を、「特別保護建造物」または「国宝」として保存するための法律「古社寺保存法」であった。現在の文化財保護法の原型となる法律であった。

しかし当然のことながら、寺院や仏像は歴史を後世に伝えるためのモニュメントとしてつくられたのでも、美術品としてつくられたのでもない。あくまでも信仰の対象としてつくられたのであった。

そこで大事なことは、人はなぜ、仏像（偶像）やその安置場所としての寺院をつくるのかである。人は、今は亡き偉人を偲《しの》ぶために偶像をつくるのではない。この世に実在はするが、偉大すぎて一般の人には姿の見えない聖人に、仮の姿を与え、拝むために偶像をつくるのである。たとえばキリストは死の三日後に復活してこの世にいる。だが、その姿は復活の証言者パウロには見えても、ほかの人には見えない。だからキリスト教徒たちはその見えないキリストを見、拝むために、キリストの偶像を刻むのである。

釈迦とて同じであった。釈迦はとんでもない回数の輪廻《りんね》を繰り返し、最後に悟りを開く。そして悟りを開くと、ほぼ無限に近い寿命、無量寿《むりょうじゅ》を獲得し、人には見えないがこの世にとどまる。だから仏教徒たちは見えない釈迦と相まみえ、その導きを得るために仏像を刻むのである。

だとすれば、見えざる釈迦の実在を想定しない仏像の見方は、本来の仏像の見方ではない。だから人は仏像の前に立ったとき、たとえ博物館の中ではあっても、鑑賞する前にまず拝む。ということは、人の心が激しく揺らぐ現代にあって、仏像や寺院を歴史のシンボルや美術品として眺める近代的作法は、どちらかといえば邪道である。それを今後もつづけていくべきか、今いちど考えてみてもいいのではないだろうか。

第二節　画期としての大仏造立

「知識」の創出

法の支配は、それを守る人びとの道徳（遵法精神）に支えられてはじめて機能する。では、その道徳の確立に向けてとられた方策とは、何だったのだろうか。それが、聖武天皇が七四三年に詔を発してはじめた盧舎那仏《るしやなぶつ》の造立であった。俗にいう大仏の造立であった。

さて、ここからは斉藤恵美氏のご教示によるところが大きいが、盧舎那仏というのは華厳経《けごんきよう》という経典に描かれた仏で、釈迦仏などと異なり、そもそも人ではない。全宇宙の中心にいて万物の生成にかかわり、そうであるがゆえに万物に宿り、人にも宿る仏である。法身《ほつしん》という別名をもつが、ひと言でいえば神である。また、万物に宿るがゆえに、万物を以てその姿となし、それ自体の姿をもたない。

だからその造立に際して聖武天皇は、人に見えてはならないので、まずは紫香楽《しがらき》（現在の滋賀県甲賀市）という遠隔の地につくろうとし、次いで人の視界に入らないぐらい巨大につくろうとした。だからそれは、都が平城から長岡京・平安京に移ったときに、実際遠くて巨大な仏像となり、完成したと斉藤氏は言う。「遠く」と「巨大に」がともに実現したからである。

では、なぜ聖武天皇は盧舎那仏などつくろうとしたのか。もういちど言うが、盧舎那仏は人の内面に宿る仏である。人の外部にあって人に教えを与える存在である仏を、人の内部にあって人の内側から突き動かす仏につくり替えるためであった。仏の教え、聖の教えは、法の原点である。法を主体的に受け止め実践する心の備えを、人びとの内面に植えつけるためであった。それを植えつけられた人を、聖武天皇は知識と呼んだ。

神々の限界

ただここで指摘しておかなくてはならないのは、盧舎那仏のような存在は、じつは日本の神々のなかにも存在したということである。雄略《ゆうりゃく》天皇のときに現れた一言主神《ひとことぬしのかみ》・雷神《いかずちのかみ》・高御産巣日神《たかみむすひのかみ》がそれである。

一言主神は、雄略天皇が葛城山《かつらぎさん》で狩をしているときに、天皇とまったく瓜二つの神として現れ、天皇と轡《くつわ》を並べているときに、天皇を有徳《うとく》の君主にみせる力をもった神であった。すなわち雄略天皇の心の中に宿る神の比喩であった。

雷神は、『日本書紀』では、大物主神《おおものぬしのかみ》が雄略天皇によって捕縛され、改名を命じられて生まれた神である。それを祀る上賀茂神社の社伝によれば、人の女性である玉依姫《たまよりひめ》から生まれた神であった。だから雷神を祀る上賀茂神社（賀茂別雷神社《かもわけいかずち》）には、一対の神社として、神の母玉依姫を祀る下鴨神社（賀茂御祖神社《かもみおや》）がある。人から神が生まれたのであるから、人の内面に神の宿ることの証となった神であった。

最後に高御産巣日神は、「造物」とか「鎔造《ようぞう》」といった名でも呼ばれた、まさに万物生成の神であった。そして、つねに誰か（天照大神《あまてらすおおみかみ》・思金神《おもいかねのかみ》）のかたわらにいて、その誰かを内側から突き動かして、さまざまな指令を発する神であった。

三神ともにというべきか、三神合わせてというべきかは別として、まさに盧舎那仏同様の神であった。

しかし、その神または神々は、きわめて粗暴な神として働いた。人の行いが何ごとも神の行いになるのである。雄略天皇や武烈《ぶれつ》天皇の恣意を解放し、とてつもない暴政をもたらしたのである。とりわけ武烈天皇の暴政は、官許の歴史書『日本書紀』でさえ、口をきわめて罵《ののし》る非人道的なものであった。

その結果、やはり人には、人の外部から人を規律する、しかも人の言葉を以て具体的に規律する、超越的な存在が必要なことを、人びとは痛感することとなった。そして人の言葉を以て人を規律するのだから、それは神ではなく、人でなくてはならなかった。だから武烈天皇亡きあとの政治的混乱がいちおう収拾されると、欽明《きんめい》朝以降の王権はその超越的な存在、人を求めて、仏教の導入に踏み切り、聖徳太子を育んだのである。

そして、その試みがようやく軌道に乗りはじめた天武朝から聖武朝にかけて、あらためて一言主神・雷神・高御産巣日神的な神の創造に着手したのである。

天武天皇が編纂を命じた『古事記』が冒頭、高御産巣日神を神々の秩序の頂点に据えたのは、その試みの第一着手であった。そしてその帰結が、聖武天皇による「盧舎那仏造立の詔」の発出だったのである。

ただし今回は、雄略天皇や武烈天皇のときのような悲惨な結末にはならなかった。すでに釈迦仏の権威、聖徳太子の権威が確立していたからである。

そこで興味深いのは、空海による盧舎那仏の権威の導き方である。

彼にとっての盧舎那仏は大日如来《だいにちにょらい》であったが、名前はどうであれ、全宇宙を支配し、同時に人にも内在する法身の指示（密教）を聞き取ることによって得られる悟りのレベルを表現するのに、『十住心論《じゅうじゅうしんろん》』という書物を著し、釈迦の悟りを第九段階とし、密教的悟りをその上としたのである。要は釈迦の教えを、人の内面からの道徳要請に読み替えることによって、悟りの頂点を形成したのである。

かかる言説があれば、たしかに神仏の人への内在化が、雄略天皇や武烈天皇のときのような人の恣意の単純な解放につながることはなくなった。むしろそれは、仏法であれ、一七条憲法であれ、法を受け止める道徳心の涵養《かんよう》につながったのである。

第三節　法然革命

「人皆仏性」の帰結

盧舎那仏をつくり、仏の居場所を人の外側から内側に変えたことの衝撃は大きかった。「人皆仏性」という考え方が生まれ、悟りは一人ひとりの内なる仏性の自覚ということになった。

本を正せば、悟りとは、人が人でありながら神同様の存在になる行為を意味する。だから人が悟るためには、いちど死んで蘇ってみせるとか、何万回、何千万回輪廻《りんね》を繰り返し、途方もない経験を積み重ねるとかといった、信じがたい過酷な修行が求められる。当然「凡夫《ぼんぶ》」に悟りなどありえない。しかし、すべての人に仏性は宿るというのだから、すべての人が悟れるということになったのである。

そして、それは当然、悟りのレベルの低下につながった。

人が修行して到達できる最高の境地が、それまでは如来の境地だったのが、悟りを開く前の段階の菩薩の境地にまで引き下げられた。それは比叡山の山中で一二年間修行を積めば到達できる程度の境地であった（『山家学生式《さんげがくしょうしき》』）。そして、その境地に到達するのに鑑真がもたらした具足《ぐそく》戒《かい》は厳しすぎた。よりゆるやかな戒律、菩薩戒が最澄によって推奨された。簡易な悟りの技法も発明された。一〇世紀末ごろにはじめられたとされる西国三三か所観音霊場巡りなどがそれであった。いつしか修行は遊山と結びついた。

しかし、それは新たな矛盾を生んだ。さすがに比叡山の山中で一二年間修行しただけで、釈迦と同じ、あるいは聖徳太子と同じ、悟りの境地に到達すると本気で考える人はいなかった。その悟りのレベルの低下は、結局、人は悟れないということの発見に結びついていた。

学問寺としての比叡山の礎を築いたひとりであり、一〇世紀後半に活躍した良源《りょうげん》（慈恵大師《じえだいし》、別名元三大師）が、京都に流行《はや》る疫病を鎮めるために、端坐してみずからの内に潜む鬼を呼び出した逸話に表れているように、最高の修行者でさえみずからの内に仏性ではなく、悪鬼の潜むことを自覚していたのである。ということは、悟りの不能を自覚していたということになる。ちなみに、その良源の弟子が、『往生要集《おうじょうようしゅう》』を著し、浄土教の布教に大きな貢献をした源信《げんしん》（恵心僧都《えしんそうず》）であった。

ということは、人は、結局悟りえないことを重々承知しながら、ひたすら悟りを求めて簡易な修行とはいえ、修行を重ねていることになる。それはやはり矛盾であった。ならばその矛盾を解消する方法が講じられなくてはならなかった。

阿弥陀如来信仰へ

その方法とは――。「盧舎那仏」を「阿弥陀如来」に、「修行の積み重ねによる悟り」を「阿弥陀如来の救いによる悟り」に置き換えることであった。阿弥陀如来も、釈迦（如来）とは異なり人ではない。極楽浄土を主宰する神のごとき存在である。したがって、その置き換えは可能だし、人の行うことも、内面に潜む仏性を感得することから、死後往生（極楽へ行くこと）を願うことに切り替えるだけだから、これも可能であった。

その置き換えができれば、人の悟りの不能と、それでも人が悟りを求めつづけることの矛盾は無理なく解消する。悟りが不能だから、人はみずから悟ることを求めない。阿弥陀如来の助けを借りて悟る、ということになるからである。

そして、その置き換えをはじめて本格的に行ったのが、先の『往生要集』の著者の源信であった。彼は、「顕密《けんみつ》の教法《きょうぼう》」をよく学ぶ能力をもった「利智精進の人」を除き、「予が如き頑魯《がんろ》の者」は、それを行うべしと言った。そちらのほうが「覚り易《やす》く行ひ易」いからというのが理由であった（『往生要集』）。

しかし平安時代の末期になると、比叡山はじまって以来の秀才、まさに「利智精進の人」法然《ほうねん》までが、ひたすら念仏を唱え阿弥陀如来による救いに頼る以外に悟りにいたる方法はない、と言いはじめたのである。理由は、人の能力は小さすぎて、どんなに輪廻を繰り返し、経験を積み重ねてみても、絶対に悟りにいたることはない、であった（『選択本願念仏集《せんじやくほんがんねんぶつしゆう》』）。悟りの不能は絶対化し、日本人の心に革命が起きた。

―第四節― 一休宗純という生き方

日本版宗教改革

死後極楽に「往生」し、阿弥陀如来の救いに頼るしか悟りにいたる、すなわち「成仏」する方法がないとすれば、もはや人には悟りに向けてみずから努力する必要も、またそれをする甲斐もないということになる。そして、死後往生を遂げたあと成仏できるかどうかは、一〇〇パーセント阿弥陀如来の判断に委ねられることになるから、人にはその阿弥陀如来の下す判断に対する無条件服従（絶対的帰依）だけが求められることになる。

その絶対的帰依の証が、ひたすら阿弥陀如来の名を唱えること、称名念仏《しょうみょうねんぶつ》だったのである。それはあたかもカルバンの予定説が支配する、プロテスタンティズム的世界の到来のごときであった。いかなる善行を積もうと、何をしようと、最後の審判において救われるか否かを決める権限は人間にはない。それは神によってあらかじめ決められていることだからである、とする説であった。まさに法然革命が起きた。

なお付け加えておくと、その法然の唱えた称名念仏論と親鸞《しんらん》の唱えた悪人正機説《あくにんしょうきせつ》とは、根本的に考え方が違う。悪人正機説においては、悪人こそ成仏できるということによって、人間のあり方を成仏の成否を決める条件にすることによって、阿弥陀如来の判断に条件付けを行っているからだ。

では、そのプロテスタンティズム的世界の到来は、人をどう変えたのか。苦行であれ易行であれ、悟りに向けてのいっさいの努力を行うことに意味がなくなったのである。人は、全員が「凡夫」となり、みずからの欲望に従って自由に生きることを許される存在となった。

当然のこととしてその結果、大いに商工業が発達し、鎌倉時代以降、各地に市が多く立つようになった。鎌倉時代の人遊行上人一遍《ゆぎょうしょうにんいっぺん》の活動を記録した『一遍上人絵伝』の描く備前国福岡の市――今の福岡県福岡市のルーツ――のありさまなどは、鎌倉時代の定期市のにぎわいを今日に伝えてくれる貴重な史料となっている。室町時代には三斎市《さんさいいち》や六斎市《ろくさいいち》と呼ばれる、月に三回、月に六回開かれる市が各地でみられるようになった。座のような同業者団体も生まれ、都市の形成も進んだ。

しかしその一方で、悟りや救いといった人の生き方の根本を決めることがらについては、いっさいそれを自力で左右することのできない、ひたすら受け身の無為・自然の存在になった。絶対的諦念《ていねん》（諦め）が彼らを支配した。

かくて人は、悟りは欲しても、それを得るための能動的な営みはいっさい行うことのない無為・自然の存在となり、それゆえ逆に、世俗のことに関しては、どこまでも私利私欲をたくましくして生きることを許される存在になったのである。

禅の広がり

そして、それが鎌倉時代から室町時代にかけて禅宗が広がった理由でもあった。禅宗の目的は決して悟りではない。みずからを無にして、自然と一体化させることであったから、その法然革命後の人のありさまに合致していたのである。

やがてその禅宗から、その法然革命後の人のありさまを体現する人物が現れた。一五世紀に応仁の乱を挟んで活躍した、臨済宗大徳寺派の僧侶一休宗純《いっきゅうそうじゅん》であった。彼は禅を極める一方で、肉食妻帯・男色・女犯、およそ僧にあるまじきことをすべて行ったことで知られる僧侶でもあった。まさにみずからを「無」にし、欲望を全開にしたのである。

そして、その彼の生き方を写すかのごとく生み出されたのが茶の湯＝侘茶《わびちゃ》であった。人の私利私欲の究極に生まれる奢侈《しゃし》と、禅の「無」の思想を組み合わせたのである。唐物の茶器を競い合う闘茶《とうちゃ》は、当時最高の贅沢《ぜいたく》であった。その贅沢と、禅宗的な無為・自然を組み合わせたのが、侘

虎丘庵　一休宗純が晩年を森女とともに過ごした庵。元は京都東山にあったが、応仁の乱を避けて移築、ここに村田珠光や金春禅竹らが出入りし、一休から大いなる刺激を受けた。

茶であった。

創作したのは、一休と、その元に奈良から通い詰めた村田《むらた》珠光《じゅこう》であった。世間にはそれを疑う向きもあるようだが、侘茶が、一休と村田珠光の交流から生まれたというのは、私は正しいように思う。

京都府京田辺市にある酬恩庵一休寺《しゅうおんあんいっきゅうじ》には、陵墓に指定された一休の墓があり、それを取り巻く枯山水の庭は珠光の作とされている。また、その墓の隣には、一休と珠光、さらには金春流《こんぱるりゅう》能楽の祖の金春禅竹《ぜんちく》らが集い交流した茶室虎丘庵《こきゅうあん》（応仁の乱を避け、京都東山から移築）が建つ。これだけでも一休と珠光のただならぬ関係がうかがえる。

私は先に、武野紹鷗《たけのじょうおう》や千利休の侘茶と日蓮宗の深いつながりを指摘したが、やはり侘茶と禅宗とのつながりも、無視しえないことがあらためてわかった。

結びに――市民社会論に寄せて

法然革命が起きたとき、人はそれを「末法《まっぽう》」の到来と受け止めた。折しも社会が、保元・平治の乱（一一五六年、一一五九年）から治承《じしょう》・寿永《じゅえい》の内乱（一一八〇～八五年）にかけての混迷の時代に陥っていくときであったから、当然といえば当然の受け止めであった。

では「末法」とは、いかなる社会のことをいうのか。法然より少し遅れて生まれ、ほぼ同時代を生きた鎌倉時代初期の僧慈円《じえん》によれば、次のように言い表せる社会であった。時の経過とともに、人の「器量果報」（能力）はどんどん劣化していくから、その劣化した人の能力を、一つや二つではダメで、徐々に増やしながら、できるだけたくさん「ヒシトツクリアハ」せ（合成し）て、「道理ヲツクリカヘ〳〵シテ」「スグル」社会、それが「末法」の世である、と（『愚管抄《ぐかんしょう》』）。

しかも慈円は、次のようにも述べていた。道理とは、

智恵アラン人ノワガ智解ニテシルベキ也。但モシヤト心ノ及ビ詞ノユカンホドヲバ申ヒラクベシ。（『愚管抄』）

たとえ一人ひとりに道理とは何かを知る力がなくても、かかる心構えをもって「道理詮《どうりせん》」とい

うことさえ行えば、そのたくさんの人の能力を「ヒシトツクリアハ」せることは可能だと。「末法」の世とは、じつは法然革命後の、みずから悟る可能性を完全に遮断された人びとが織りなす、合議に基づく、というよりも、合議によるしか維持しようのない社会のことだったのである。まさに市民社会のことであった。究極においては、釈迦や聖徳太子のような悟りし人の定めた法に支配されることに慣れ親しんできた人びとにとっては、それが「末法」の沙汰と映ったのである。

法然革命は、この国にようやく市民社会をもたらしたのである。一方で禅に親しみ、他方で「破戒」の限りを尽くした一休宗純などは、その市民社会の、もっとも典型的な構成員であった。そして茶の湯＝侘茶はその市民社会を維持していくために欠かせない社交の具として発展したのである。だからこの国において市民社会の発展は、同時に茶の湯文化（侘茶）の広がりとなって現れた。

まずは後小松《ごこまつ》天皇の落とし胤《だね》とされる一休宗純の周辺から、公家や大名、さらには京都や堺の町衆に広がり、江戸時代になると庶民のあいだにも広がった。そして幕末・維新期になると、松尾多勢子《まつおたせこ》のような尊王攘夷派の女性志士たちが活躍しはじめる時代にふさわしく、女性のあいだにも広がった。茶人としても有名な埋木舎《うもれぎのや》（彦根）の主、そしてのちには大老にまで上り詰めた井伊直弼が茶をすすめた相手の多くは女性であった。

では、私利私欲をたくましくする自由を得た「凡夫」たちが集まって、なぜ市民社会をつくれたのだろうか。聖徳太子のときにはそれがつくれなかったのに。聖徳太子のころであれば、人の「私」は必ず「恨み」に発展した。なのに、なぜ——。

それは、人の自由・平等の根底に、阿弥陀如来に対する絶対的帰依が据えられたからであった。絶対的帰依は絶対的諦念（諦め）に通じる。人は、ひたすら阿弥陀如来にすがることによって、みずからに不利益なことが起きても、それを「恨み」に発展させるのではなく、むしろ運命と諦める道を選ぶようになったからである。禅宗の説く無為・無常もその諦めを促す。だから法然革命以降、人の自由の解放は、社会の混乱ではなく日本型市民社会の形成につながったのである。

ところで、近代市民社会が通常は二律背反としか映らない、人の私利私欲と私利私欲の結合であることを喝破したのは加藤典洋であった。ただ、ではなぜ人の私利私欲と私利私欲が結合できるのか、彼は明らかにしなかった。それが市場を媒介に結合するのであれば、なんら問題はないが、市民社会という以上、私利私欲の人と私利私欲の人が、対話を通じて結合するのである。本来反発し合って当然の者同士が結合するのである。それがなぜ可能かは説明を要する。

では、それを可能にしたものは——。みずからに起きたあらゆる出来事を、究極においては「宿世《すくせ》」として受容する——ということは、あえて人為的に改めようとはしない——人の「無常」感の広がりであった。

そして、その「無常」感の広がりを生んだきっかけとなったのが、法然の「専修念仏《せんじゅねんぶつ》」であり、禅の説く無為・自然の思想の広がりだったのである。「祇園精舎《ぎおんしょうじゃ》の鐘の声、諸行無常の響きあり」ではじまる『平家物語』の成立と普及なども、そのきっかけになったのかもしれない。

だから市民社会を形成する人の交流（社交）には、私利私欲と私利私欲が織りなす社会にふさわしく、奢侈《しゃし》の極みも必要だが、それへの「無常」感の挿入も不可欠だったということになったのである。本来は奢侈の極みであった闘茶《とうちゃ》が、「無」を語る禅と融合して「侘茶」にまで進化する必然が、そこにあった。しかも、その奢侈の極みと「無常」感が融合したような、一休宗純という人格をとおして、である。

その意味で我々がみてきた、京都や堺における、茶の湯と臨済宗大徳寺派との結びつきは、決して偶然ではなかった。

では、日蓮宗との結びつきはどうだったのか。そちらも偶然ではなかった。あらゆる市民社会には境界が必要である。京都や堺の市民社会はあっても、それを超えた、普遍的な市民社会などというものは存在しない。人の対話を土台にする以上、メンバーの限定はやむをえないからである。だとすれば、「四夷《しい》の静謐《せいひつ》」を「一身の安堵《あんど》」に優先させる日蓮の教えは、市民社会の形成にとって有用であった。だから茶の湯は日蓮宗と深く結びついたのである。

そしてその結びつきは、茶の湯に、それが広がった地域の個性を刻印した。堺の商人たちは

「市中山居《しちゅうさんきょ》」といい、市中にあって（日々商売に精を出しながら）山に居るがごとき境地になることを茶の理想としたが、それは茶釜の中で湯の沸く音を、松林を吹き抜ける風の音（松籟《しょうらい》）に見立てるという言説となり、転じて茶器のなかでもっとも重要なものは茶釜だとの言説になった。

しかし考えてみれば――あくまで推測の域を出ないが――それは、堺が古来、鉄で栄えた町だからこそ生み出された言説であった。

崇《す》神《じん》天皇五年（三世紀中ごろ）に疫病の大流行があり、それを鎮めるために崇神天皇は、茅渟《ちぬの》県陶邑《あがたすえむら》から大田《おおた》田《た》根子《ねこ》を呼び寄せ、その父である疫病神大物主神《おおものぬしのかみ》を祀らせたが、その陶邑のあったところは泉北《せんぼく》丘陵一帯（陶邑窯跡群）であり、堺の近郊であった。陶荒田《すえあらた》神社の建つ堺市中区上之《うえの》付近がその中心といわれている。当然、陶邑と名がつくのだから、そこは須恵器生産の場であったが、その陶荒田神社の「たたら」の変じた「荒田」という名や、劔根命《つるぎねのみこと》という主祭神の名からして、鉄生産の場でもあったことが想像される。

さらに中世（一二世紀ころ）になると、堺の周辺は、まさに日本の鋳物師の祖とされる丹南《たんなん》（河内）鋳物師の活躍する舞台となっていた。当初は「石凝姥命《いしこりどめのみこと》」（石製鋳型の神格化）や「天児屋《あまのこや》根命《ねのみこと》」（炉を覆う大屋根の神格化）を祀る「鍋宮《なべみや》大明神」があったとされる堺市美原《みはら》町大保《だいほ》付近が中心で、一五世紀以降になると、より堺の町に近いところ（北区金岡〈金太《かなた》〉付近・西区　鳳《おおとり》付近・北区浅香《あさか》山《やま》付近）にそれは移った（と同時に丹南鋳物師とは言わなくなった）。

かかる鉄の町の伝統があったればこそ、堺は鉄砲の町にも、刃物の町にもなったのである。堺の中心を占める町の名が、「金屋町」と同義の「湯屋町」であることも、そのことを示している(拙著『邪馬台国と「鉄の道」』洋泉社)。

この堺の伝統があればこそ、茶釜こそいちばんの茶器という考えが生まれ、それを導くのに適当な「市中山居」の理想が生まれたのではないだろうか。いかに高邁《こうまい》な理想もつねに欲と二人連れといったところが、近代市民社会のおもしろさである。

さて最後にひと言足しておきたいことがある。先ほど私は、堺の町の中心には、江戸時代までは「湯屋町」と書き、明治以降は「熊野町」と書いて「ゆやちょう」と読ませる町名のあることを指摘したが、そのことに関して、である。

そもそも金属の溶けたものを「湯」という。それは鉄でも、銅でも、アルミニウムでも同じだ。ただ金属を溶かす炉を建設するときにいちばん大切なものは、それを覆う大きな覆い屋根だ。雨水を防ぐのにも必要だが、なにより温度を見るのに必要だ。温度計のない時代、温度は目で見る。そのとき自然光が入ると温度が見えなくなってしまうからだ。

だから鋳物師や鍛冶師など製鉄業者の存在をもっとも象徴するものといえば、「金屋」ということになるのである。そして、そもそも「金屋」は炉の覆い屋根のことなのだから、「金屋」と「湯屋」は同義になる。さらに熊野大権現を「ゆやだいごんげん」と読ませるように、「湯屋」は

「熊野」とも書く。

ゆえに「湯屋町」「熊野町」が堺の中心を占めるということ自体が、堺が鉄の町であったことを表しているのである。

ちなみに堺をさらに南に下っていき、和歌山県に入ると、かつてそこが鉄の生産地であったことを匂わせる地名が多い。金屋町、由良町、湯浅町などがそれである。キーワードは「湯」である。

［参考文献］

1 上原雅文『最澄再考——日本仏教の光源』（ぺりかん社、二〇〇四年）。

2 加藤典洋『日本人の自画像』（岩波書店、二〇〇〇年）。

3 勝俣鎮夫『一揆』（岩波新書、一九八二年）。

4 小路田泰直・斉藤恵美編『聖徳太子像の再構築』（敬文舎、二〇二一年）。

5 小路田泰直『神々の革命——『古事記』を深層から読み直す』（かもがわ出版、二〇一二年）。

6 源信『往生要集』上・下（岩波文庫、一九九二年）。

7 斉藤恵美「大仏論」（奈良女子大学STEAM・融合教育開発機構主催「シンポジウム大仏とは何か」〔二〇二二年一〇月二八日〕における報告）。

8 慈円『愚管抄』（岩波文庫、一九四九年）。

9 マックス・ヴェーバー『プロテスタンティズムの倫理と資本主義の精神』（岩波文庫、一九八九年）。

けいはんな
KeiHanNa
RISE歴史・文化講座
01

第四章◎市民社会の進化と明治維新——抹茶から煎茶へ

はじめに

市民社会は弱い。決して強くない。だから強大な権力が隣に現れると、ついその権力に頼ってしまう。そして自治を失う。織田信長が一五代将軍足利義昭《あしかがよしあき》を奉じて上洛し、京都や堺の町衆に巨額の矢銭《やせん》を課したときに、自治都市京都や堺のたどった末路がそれであった。いちどは抵抗の姿勢をみせるが、長続きしなかった。

では、それはなぜか――。自治都市論といえば必ず引き合いに出されるマックス・ヴェーバーは、次のように考える。

私利私欲に生きる都市住民は、じつは誰ひとり自治など欲しない。ただ何かの事情で、都市を支配する権力が崩壊し、社会秩序の紊乱《びんらん》が起きたとき、やむをえず自治を行うのである。市民社会の結束力など、本来その程度のものなのである。だから、その自治を肩代わりしてくれる誰かが現れると、たちまちその誰かに統治を委ねてしまう。

そして普通は、同じ都市に住む、人に代わって公務を担うことのできる財力と時間的余裕（余暇）をもった名望家が、その誰かとして現れる。だから都市自治は、生まれたときは全住民自治だが、たちまち名望家自治に変貌する。そして、イタリア・ベネチアのメディチ家のような家柄が生まれる。しかし、名望家もまた私利私欲に生きる都市住民のひとりである。彼らもまた、自治を肩代わりしてくれる誰かが現れれば、喜んでその誰かに自治を譲る。

その結果、今度は、統治に必要な多くの専門家を配下に抱え、名望家に反発する貧しい人びとの熱狂に支えられるカリスマが現れる。そして、そのカリスマによる肩代わりが終了したとき、自治そのものが消滅する。その肩代わりをしたカリスマは、もはや封建領主のひとりに過ぎないからである。

これがマックス・ヴェーバーの描く、都市自治＝市民社会の生成と消滅の物語である。同じことが日本でも起きた。だから京都や堺の町衆は、いとも簡単に信長というカリスマの軍門に降《くだ》ったのである。

一第一節一　応仁の乱という自治（市民社会）の揺籃

自治の誕生

このマックス・ヴェーバーの描く都市自治＝市民社会の生成と消滅の物語が正しいとしよう。この国における都市自治＝市民社会の揺籃《ようらん》は、一四六七年に突如勃発した応仁の乱であった。

室町幕府の権威が地に落ち、足軽や野伏《のぶせ》が横行する事態が発生すると、人びとは万《ばん》やむをえず自治をはじめた。応仁の乱の主戦場となった京都では、道を挟んで構成される町（両側町《りょうがわちょう》）の自治を基盤に、町組の自治、惣町《そうちょう》（上京・下京）の自治が生まれた。

また、京都に隣接する「けいはんな」の地でも、山城国一揆が起きた。応仁の乱が終わってもまだ守護畠山《はたけやま》氏の跡目をめぐって争いつづける畠山義就《よしなり》と畠山政長《まさなが》の両軍を地域（久世《くせ》郡・綴《つづ》喜《き》郡・相楽《そうらく》郡）から排除するためであった。守護の存在が地域の治安を維持するよりも破壊する役割を果たしはじめたために、国人《こくじん》領主や農民は、自治を選択したのである。

そして、そのとき役立ったのが日蓮《にちれん》の教えであった。日蓮は一二六〇年、『立正安国論《りっしょうあんこくろん》』を著し、時の権力者北条時頼《ほうじょうときより》に提出する。日蓮はそこで、やがて元寇《げんこう》となって現実のものとなる外寇《がいこう》の危機に備えよと説くとともに、人が「一身の安堵《あんど》」を得るためには「四夷《しい》の静謐《せいひつ》」を保つことこそ大事だと説いたのである。人が私利私欲をたくましくして生きることを否定したのではない。もしそう生きようと欲するのなら、まずは国や地域の安全を保つことこそ優先すべきだ、と説いたのである。

この教えは、地域が戦乱の巷《ちまた》となり、「一身の安堵」を保とうにも保てなくなった京都の町衆たちの心に響いた。だから彼らはたちまち日蓮宗の虜になった。京都の町衆の自治は、同時に法《ほっ》華《け》一揆《いっき》の様相を呈したのである。一六世紀前半の天文《てんぶん》年間、その法華一揆が京都を支配した。京都市中に今なおたくさんの日蓮宗総本山があることも、その名残である。

また逆に、その町衆の自治に反発する人たちの動きも、宗教的色彩を強く帯びた。法華一揆が京都市中の支配権を握ろうとしていた一五三二年、それを阻止しようと戦ったのは、蓮如《れんにょ》の築いた山科本願寺に拠点をおいた一向宗（浄土真宗）の門徒たちであった。また一五三六年に、その数多《あまた》ある日蓮宗総本山を焼き払い、法華宗徒を京都から放逐したのは比叡山延暦寺であった。

ちなみに山科本願寺が焼失し、一向宗の拠点が大坂石山《いしやま》本願寺（今の大阪城のある付近）に移るきっかけになったのも、その一五三二年の戦いであった。今も京都市山科区の山科中央公園に

日蓮宗京都八大本山

天文法華一揆のころには、京都には日蓮宗の本山が 21 あったといわれる。いかにも多いが、今もなお 8 つの本山がある。末寺を含めると、相当数の日蓮宗寺院が京都にあることがわかる。ちなみに浄土真宗は 4 つ（東・西本願寺、佛光寺、興正寺）である。

は、当時本願寺を囲った土塁の跡が残り、寺内町《じないまち》として発展した山科本願寺の繁栄をしのばせている。

自治の衰弱

ただ、一六世紀後半、織田信長のような強力な権力者が現れ、その力で「四夷の静謐」が保たれるようになると、もはや無理して自治を行う必要はなくなった。京都や堺の町衆の自治は、次々と信長やその後継者たち、豊臣秀吉や徳川家康の軍門に降っていったのである。そして、自治=市民社会を生み出すための社交の具として発達した茶の湯=侘茶《わびちゃ》も、町衆たちが天下人に取り入るための具に変質していったのである。

しかしその変質には、相当に大きな心理的抵抗もあったようで、茶人でありながら秀吉や家康によって死に追いやられた千利休や古田織部《ふるたおりべ》の生き方・死に様は、それを物語っている。

そしてそうなると興味深いのは、阿波徳島から攻め上り、堺に拠点をおいた三好元長《みよしもとなが》・長慶《ながよし》父子ら三好一族に対する堺の人たちの、今なおつづく深い思い入れである。市内の至る所に三好長慶をＮＨＫ大河ドラマの主人公に、というスローガンが掲げられている。

三好一族といえば、普通はあまり評判がよくない。主家細川氏を倒し、下剋上を行った戦国武将の典型のように思われているからである。それが、四百数十年の時を経て、今なお堺では、英雄となっているのである。

そもそも堺の町衆は、自治の肩代わりをしてくれるカリスマの出現は欲しても、自分たちの自治と調和のとれるレベルの、あまり強くないカリスマの出現を欲したのではなかったのだろうか。そのちょうどよい強さのカリスマが、じつは三好長慶とその一族だったのだろう。

しかし、実際に現れた信長や秀吉といったカリスマは、強力すぎた。それに従うことを自治＝市民社会論の枠内でとらえることはやはりできなかった。それが利休や織部には、そこはかとない違和感となって襲いかかってきたのではないだろうか。あえて死を受け入れた素地もそこにあるようである。

第二節　徳川の平和と「請」の時代

自治の新たな展開

それでは信長や秀吉や家康の権力――以下では統一権力と呼ぶ――が成立し、京都や堺の町衆の自治にとって代わったとき、自治は死滅したのかというと、そうではなかった。自治は生きながらえた。言い方を変えると市民社会も生きながらえた。

統一権力は軍事や外交といった統治の根幹は掌握したが、日々の行政の多くは、相変わらず都市・農村を問わず、人びとの自治に委ねたからであった。いちばんわかりやすい例が、年貢の徴収である。統一権力は検地を行い、土地の所有者と年貢の高を確定したが、年貢の徴収自体は、村々の自治に任せた。それを「百姓請《ひゃくしょうけ》」とか「村請《むらうけ》」と呼んだ。

統一権力は、この「請」の体制を広くつくっていったのである。だから統一権力の下で、自治は消滅するどころか、むしろ発展した。当然、自治＝市民社会を維持していくための社交の具、茶の湯も以前に増して盛んになった。

永谷宗円（1681 ～ 1778） 京都宇治田原の湯屋谷の農民で、10 年以上の試行錯誤を重ね、煎茶の製法を発明、日本の緑茶文化の基礎を築いた。

千家が復活し、表千家・裏千家・武者小路《むしゃのこうじ》千家の三千家となって栄えた。また、喫茶の風習は公家・大名や上層の町人たちだけでなく、庶民の世界にも広がっていった。とりわけ宇治田原の人永谷宗円《ながたにそうえん》が、一八世紀前半に、今日の緑茶のもととなった煎茶を発明して以降、その広がりには目を見張るものがあった。

ただ、実現された徳川の平和のなかで、社会経済が発達し、それにともない自治業務が増大していくと、応仁の乱後に起きたことと同じことが起きた。本来は全住民自治として遂行されるはずの自治業務の、誰かによる肩代わりがはじまったのである。

最初は町の名望家たちが「町名主」（都市によって、年行事・町年寄など呼び方はまちまちであるが、ここではこの呼び方に統一しておく）などになることによって、その肩代わりをしたので、自治の範囲から外れることはなかった。しかしやがて、京都の場合だが、町の事務一般を取り仕切る「町代《ちょうだい》」や、訴訟ごとに携わる「代人《だいにん》」（今でいう弁護士）や、治安の維持を担当する「番人」のような、金銭の支払いを受けてその肩代わりを行う者が、次々と現れた。江戸の「いろは四八組」で有名な「火消し」なども、その一例であった。

当然、統一権力(幕藩制国家)の側はそれを嫌った。とりわけ「代人」の出現は、なんとか取り締まろうとした。八代将軍吉宗《よしむね》のころになると、幕府は「公事方御定書百箇条《くじかたおさだめがき》」を制定するなど、法令や判例の整備に熱心になるが、「代人」の出現はその環境を逆に利用して訴訟を有利に導き、ひいては訴訟を歪《ゆが》める存在の出現と映ったからである。

長く平和がつづき、経済社会が飛躍的に発展を遂げるなか、自治業務の中身も応仁の乱のときのように、一に防衛、二に防衛ではなくなっていた。複雑多岐、微《び》に入り細《さい》を穿《うが》つ対応が求められるものになっていた。専門家もしくは専門家集団(身分集団)によるその肩代わりは、不可欠であった。

文政の町代改儀

しかし名望家の域を超えた、その専門家もしくは専門家集団による肩代わりは、やがて大きな社会的摩擦を引き起こした。京都の場合、一九世紀前半の文政年間に、はたして住民中の名望家が務める「町名主」と、町に雇用された「町代」の、どちらが町を代表する存在なのかをめぐる激しい訴訟事件が起きた。「文政の町代改儀《ちょうだいかいぎ》」(一八一七、一八年)という。

一八三六年に大坂で起きた大塩平八郎の乱の背景にも、同様の社会的摩擦があった。大塩らの攻撃対象は三井や鴻池《こうのいけ》といった、まさに名望家層であった。

では、その摩擦の帰結は――?

「文政の町代改儀」に即していうと、ひとつは、町を代表するのは「町名主」であって、「町代」ではないこと。「町代」はどこまでも「町の雇人」であることの確認が行われた。両者の位置関係が明瞭になった。当然「町代」が「町の雇人」なのだから、ほかの専門家や専門家集団も同様であった。

その結果、地方公務員制度が確立した。肩代わりする者が支配者になる時代が終わったのである。肩代わりする者は公務員となった。逆に、雇用する者と雇用される者を、主人と奴隷ではなく、対等の人間と見なす観念の醸成も求められるようになった。

社交の具としての茶の湯や歌会にも大きな変化が生じた。ひと言でいえば大衆化した。抹茶を用いた従来の茶の湯とは別に、永谷宗円がその製法を発明した煎茶を用いて、一八世紀前半に売茶翁《ばいさおう》（高遊外《こうゆうがい》）が創始した煎茶道が広まった。同様に、和歌は簡素化し、俳句が流行した。

そして今ひとつは、それまでは存在しなかった、京都でいえば上・下京を合わせた都市全体を、ひとつの都市社会と見なして運営する体制（大仲《おおなか》）が確立した。それにともない都市全体の町入用《ちょうにゅうよう》も、合算して運用される体制が整えられていった。

ちなみに、これらのことは天明の飢饉《ききん》・打ちこわしを機に、ひと足早く江戸でも誕生していた。七分積金の制度がそれである。ただそれは、上からの改革の結果であった。

かくて二百数十年の歳月を経て、かつて統一権力の前に膝を屈したこの国の自治＝市民社会は、格段に強くなっていた。たとえ私利私欲に生きる都市住民がその本質をあらわにし、自治の肩代わりを誰かに求めても、それが自治に対しての外部権力の介入を招くきっかけになることはなくなり、内なる公務員集団の合理化と強化につながる好循環が生み出されていたからであった。

しかも京都の「大仲」のような、都市全体を包括的に統合・運営する組織が生まれると、必然的に町や町組を基礎とした代議制秩序が形成された。自治は、近代民主主義社会へと変貌を遂げつつあったのである。だから強くなった。

売茶翁（1675～1763）　黄檗山万福寺で修行を積んだ禅僧で、元は肥前の人。齢60に近づいたとき、突如京に上り、東山に通仙亭を開き、さらにはみずから茶道具を担いで市中をめぐり、煎茶（道）の普及に努めた。伊藤若冲や与謝蕪村など、多くの文人・芸術家と交わり、江戸時代後半の京都文化の形成に大きな影響を与えた。

第三節　明治維新の舞台へ

国訴

では、そのように自治＝市民社会が強くなると、何が起きるのか。

その強くなった自治は、京都における「大仲」の成立にみられるように、広域化する。内部に政府（地方公務員制度）を抱えるので、自治が単なる町や村の自治の集合体ではなくなるからである。都市のみならず農村においても、領主権力の統治範囲をはるかに越えた、広い範囲の名主や庄屋クラスの名望家層の、政治的結束が生まれた。

一八二三年、摂津・河内・和泉の一〇〇七か村が参加して、菜種（油）や木綿の栽培に不可欠な金肥《きんぴ》（購入肥料）の値下げを求めて集団訴訟を起こした。その闘い方は、代議制的秩序を以《もっ》て選抜された少数の幹部に交渉を一任する、きわめて洗練された平和的な闘い方であった。百姓一揆一般とは区別され、国訴《くにそ》と呼ばれたが、かかる闘い方が行える背景には、広範囲にわたる名望家層の、常日ごろからの強い結束があったはずである。

そうした地域名望家層の広域に渡る、時としては国家と対峙《たいじ》することもいとわない、政治的結束が各地に生まれたのである。当然「文政の町代改儀《ちょうだいかいぎ》」を闘った京都の町衆の結束も、その種の政治的結束のひとつであった。国訴は、一八二三年の前後にも何度か起き、時間がたつにつれ、畿内以外にも広がっていった。

先にも述べたが、議会制民主主義の基礎がつくられはじめたのである。

人材登用論の噴出

そして、もうひとつ、重要なことが起きた。「町代」的存在——身分化された専門家、ないしはその集団——が「町の雇人」的存在に位置づけ直されたことによって、地方公務員制度が産声《うぶごえ》を上げたことは先に述べたが、それをきっかけに、上からも下からも、「能力主義的人材登用」を求める動きが一挙に加速したのである。荒廃した関東農村の立て直しに尽力し、のちに近代日本の地方自治の鏡とされた二宮尊徳（一七八七〜一八五六）の活躍などが、そのことを示唆していた。

幕末から維新期にかけて各地に「老農」と呼ばれる、優れた農業指導者が多数現れたが、それもそのことを示唆している。奈良県（天理）でも、のちに明治の三老農のひとりに数えられる中《なか》

緒方洪庵（1810 ～ 63）　岡山（足守藩）で武士の子として生まれ、父の蔵屋敷留守居役勤務をきっかけに大坂に出て医学を志す。江戸や長崎に遊学を重ね、1838 年大坂に戻ると、適々斎塾（適塾）を開き、後進の養成にも努める。種痘を広め、コレラに対応するなど、近代的公衆衛生体制の確立に尽力。福沢諭吉や大村益次郎など、幕末・維新期に活躍する多くの俊秀を育てた。

村《むら》直三《なおぞう》が現れた。「奈良段階」という言葉が残るように、奈良県が一時期、日本一の米の反あたり収量を誇ったのも、彼の功績に負うところが大きい。

また都市部には、それぞれ門下から多数の優れた人材を輩出した「知の巨人」が、町人学者の装いを凝らして次々と現れた。町人出資の学問所懐徳《かいとく》堂《どう》（大坂）をつくり上げた富永仲基《とみながなかもと》や、一八五八年のコレラの流行に立ち向かい、都市衛生の基礎を築いた緒方洪庵《おがたこうあん》などがその代表格である。その傘下には人材の坩堝《るつぼ》が生まれていた。

そして重要なことは、江戸時代の末期といえば、世襲化された身分制的な人材登用システムが完全に行き詰まりをみせていた時代でもあったということである。江戸時代中期の学者荻生徂徠《おぎゅうそらい》が支配階級の実態を『政談』で、次のように述べていたごとくに、である。「代々大禄《たいろく》・高官ナル故、生《うまれ》ナガラノ上人ニテ、何ノ難儀ヲモセネバ、才智ノ可生様《いくべきよう》ナ」く、「位高ク下ト隔リタレバ、下ノ情ニ疎ク、家来ニ誉《ほめ》ソヤサレテ育タル故、智恵モナ」しと。

幕末の事態はさらに悪化していた。

ならば、その自治の舞台に起きた「能力主義的人材登用」の奔流は、やがて人材の、地方から中央へ、市民社会から国家への、激しい逆流を引き起こすことにつながった。それがなければ吉田松陰が「草莽崛起《そうもうくつき》」を語ることも、明治維新が起きることもなかった、あの激しい下剋上の荒波が起きたのである。

その意味では、幕末・維新期に活躍する水戸藩士や長州藩士、薩摩藩士の多くが、地方支配の実績を買われて各藩の要職を占めるようになった事実も興味深い。『正名論《せいめいろん》』を著し、幕末の変革思想水戸学の基礎を固めた藤田幽谷《ふじたゆうこく》の、もうひとつの著書は『勧農或問《かんのうわくもん》』であった。

かくて、弱い自治から強い自治への市民社会の転換こそ、この国を幕末・維新の変革に進ませる最初の一撃となったのである。

では、その最初の一撃は、どこで放たれたのか——。やはり「けいはんな」の地で放たれたのではないだろうか。その場合、私が注目するのは、白河藩主から老中筆頭になり、天明の飢饉・打ちこわしを受けて寛政の改革をはじめた松平定信が老中就任後、いの一番に行ったことが、みずから大坂に出向き、礼を尽くして町人学者中井竹山《なかいちくざん》から施政の心得（『草茅危言《そうぼうきげん》』）を聞き取ることであったことである。

それは、一八世紀末の時点において、「けいはんな」の地にすでに芽吹きはじめていた、強化された新たな自治＝市民社会と、どう向き合い、それをどう取り込むかが、国家統治上の最重要課題になりはじめていたことの証であった。

やはり最初の一撃は「けいはんな」の地で放たれたのである。「文政の町代改儀」や、一八二三年の大規模な国訴は、「けいはんな」の地が、その最初の一撃が放たれるにふさわしい地であったことの証であった。

そして、だからこそ幕末・維新の激動は、幕藩権力の中枢江戸ではなく、京都を舞台に展開されたのである。それは、京都が天皇の居所だったからだけではなかった。その後背地「けいはんな」が、まさに強化されたこの国の市民社会の揺籃《ようらん》の地だったからであった。薩摩藩士五代友厚《ごだいともあつ》が、維新後ただちに武士を捨て、大阪財界に飛び込み、東京の渋沢栄一と並んで、日本資本主義の生みの親になったのも、それゆえであった。

結びに

明治維新後、「けいはんな」の地では、ほかの地域に先駆けて、近代化に向けたさまざまな事業が展開された。

京都では、学制の発布と同時に、上京を三三、下京を三二の「番組」に分け、番組ごとに小学校の建設が進められた。そして上京第二七番組小学校柳池《りゅうち》校が、日本最初の小学校の栄誉を得た。

また、京都が産業革命後の時代を生き抜くためのインフラとして、秀吉の時代以来の宿願であった琵琶湖疏水が建設された。疏水の水を水車動力として利用するという当初の目論見は、時代に沿わず外れたが、代わりにそれを用いた日本最初の水力発電所が、蹴上《けあげ》発電所として建設された。さらには、第四回内国勧業博覧会の開催を機に、その蹴上発電所の生み出す電力を用いて、日本最初の市街電車が走った。

また大阪では、明治期に、土砂の堆積により喪

柳池校跡　京都市中京区柳馬場通御池上る東側に所在する、日本最初の小学校柳池校の跡。

失した淀川河口の港湾機能を回復させ、繰り返される水害に備えるために、巨椋池《おぐらいけ》に接する地点から大阪湾に流れ込む地点まで、淀川全流域の大改修が行われた。大正期になると、「学者市長」関一《せきはじめ》の指揮のもと、御堂筋を整備し地下鉄御堂筋線を引くなど、他都市の模範となる都市計画が実施された。

あるいは奈良では、廃仏毀釈《はいぶつきしやく》で荒廃した古社寺の復興・保存が図られるとともに、日本最初というわけにはいかなかったが、日本で二番目の本格的な都市公園、奈良公園が建設された。また、全国に先駆けて農業や林業の近代化が図られ、吉野郡川上村の山林王土倉庄三郎《どくらしようざぶろう》などは植林技術を全国に広め、「日本林業の父」とまでいわれるようになった。

そして、こうしたさまざまな先駆的取り組みの成果があって、昭和戦前期まで、江戸時代に引きつづき、「けいはんな」は日本第一の経済中心地でありつづけた。

では、なぜ「けいはんな」では、近代化に向けての各種事業が、他地域に先駆けて展開されえたのだろうか。琵琶湖疏水建設の莫大《ばくだい》な負担を引き受けた京都市民の気概に現れているように、やはりそこには、長い歴史のなかで鍛えられ、強くなった市民社会の存在があったからではなかったか。

蹴上発電所　琵琶湖から引かれた疏水は、水運や農業用用水としても用いられたが、最大の用途は、この蹴上発電所における発電であった。

［参考文献］

1 秋山國三・仲村研『京都「町」の研究』（法政大学出版局、一九七五年）。
2 荻生徂徠『政談』（『日本思想大系』三六、岩波書店、一九七三年）。
3 小路田泰直・折原浩・水林彪・雀部幸隆・松井克浩・小関素明『比較歴史社会学へのいざない――マックス・ヴェーバーを知の交流点として』（勁草書房、二〇〇九年）。
4 日蓮『立正安国論』（『日本古典文学大系』八二、岩波書店、一九六四年）。
5 歴史学研究会・日本史研究会編集『講座 日本歴史5 近世1』（東京大学出版会、一九八五年）所収の諸論文。とりわけ朝尾直弘「『公儀』と幕藩領主制」。
6 辻ミチ子『町組と小学校』（角川書店、一九七七年）。
7 藪田貫『国訴と百姓一揆の研究』（校倉書房、一九九二年）。

けいはんな
KeiHanNa
RISE歴史・文化講座
01

第五章◎江戸・東京の意味

はじめに

ここまで述べてきて、私はひとつの新たな問いにぶつかった。

私は前章で、松平定信（寛政の改革）以来、「けいはんな」に発達した市民社会とどう向き合い、それをどう取り込むかが、統治にあたる者の最大の課題のひとつになっていたと述べた。だから、江戸ではなく京都が、幕末維新の動乱の舞台になったとも述べた。

しかし、明治維新が起きると、たちまち都は江戸・東京に移ってしまった。以降今日まで一五〇年間、都が「けいはんな」の地に戻ってくる気配はない。それどころか、第二次世界大戦前後からは東京一極集中がどんどん進み、いつのまにか「けいはんな」は、日本第二の経済中心地としての地位さえ危うくな

明治天皇の東京行幸　1868年7月、明治天皇は江戸を東京と改めた。その後2回にわたり東京行幸を行い、2度目の行幸のとき駐輦したまま京都に戻らず、東京にとどまった。歌川芳虎『東京府御東幸行烈図』

りはじめている。では、それはいったい何故《なにゆえ》なのか、との問いである。

今でも「けいはんな」の住民（関西人）には、この国の中心は「けいはんな」であって東京ではないとの思いが強くある。だから東京に出かけても、「標準語」なる「東京弁」を使おうとしないのも関西人の特色だ。ほかの地方出身者とはそこが違う。じつは東京遷都令は出ていない。だから、今なおこの国の首都は京都だと言い張る人もいる。

しかし、現実には都は東京に移り、「けいはんな」の地位は、低下の一途をたどっている。それは何故か。問わなくてはならない。

第一節 「下る物」と「下らない物」

江戸の需要

私は「茶の道」散歩をつづけながら、この間ひとつの興味深い話を聞いた。それは「永谷園《ながたにえん》」の発展の物語である。

一八世紀前半、宇治田原の農民であった永谷宗円《そうえん》が煎茶の製法を発明し、茶の文化に革命をもたらしたことは先に述べたが、そのとき宗円は、煎茶という新しい茶の販路を江戸に求めたというのである。海苔の商家であった「山本山」に販売を委託したという。一〇〇万の人口を擁する江戸への販売を梃子《てこ》に、煎茶の普及を図ったのである。

これだ、と思った。今じつは、我々は同じような現象を目の当たりにしている。自動車の巨大市場といえばアメリカと中国だが、中国が国をあげてEVにシフトした途端、世界中の自動車生産がEVシフトを余儀なくされたのである。そして、自動車生産大国であったはずの日本などは、生産大国であったがゆえに、かえってその流れから取り残されつつある。消費を制する者は生産を制するという現象だ。

そういえば、江戸時代の「けいはんな」には、「下る物」と「下らない物」の区別が生まれていた。江戸に販路があり、菱垣《ひがき》廻船や樽《たる》廻船で江戸に送られる物が「下る物」、送られない物が「下らない物」である。酒の場合がわかりやすい。伊丹や池田や灘で生産された酒は「下る物」、京都伏見で生産された酒は「下らない物」であった。

灘の酒「剣菱」の広告　剣菱は1505年創業の、今もつづく灘の酒の銘柄。

江戸の人びとの嗜好《しこう》が、「けいはんな」における物の生産の栄枯盛衰を決定しはじめたときに生まれた区別であった。

そして、その区別はやがて価値観のレベルの区別へと発展した。江戸で好まれない物はつまらない物、好まれる物はつまる物といった具合である。

だから幕末には、いつしか灘の生一本が日本酒の基準酒のごとくになって

今津灯台　今は大関株式会社に受け継がれている、西宮今津郷の酒造家長部家が、1810年に設置した民営の灯台。当然目的は、今津浜に出入りする樽廻船の航行の安全を図るためであった。

いた。酒は本来、冬場にだけつくられるものではなかった。しかし、灘の酒が影響を増すにつれて、寒づくりこそが酒づくりの代名詞になっていった。

これはしばしば指摘されることだが、幕末期、大坂商人（問屋資本）の周辺農村に対する支配力が急速に衰え、大坂地回り経済圏の大坂資本からの自立がはじまる。

しかし、それは単に農村工業の発展の結果ではない。大きな原因は江戸の需要にあった。それがあるがために、農村部の商人（在郷商人）たちは大坂の問屋を通さず、直接江戸との取り引きをはじめたからであった。

池田や伊丹の酒は、猪名《いな》川をとおして尼崎に運ばれ、そこから江戸に送られた。灘五《なだご》郷《ごう》の酒は、目の前の今津や西宮や魚崎の浜から直接江戸に送られた。その輸送には、高速の樽廻船が活躍した。江戸の需要が「天下の台所」大坂の経済の屋台骨を揺るがしはじめたのである。消費を制する者は生産を制するという現象は、江戸時代の日本においても起きていたのである。

権力と市場

では、なぜそこまで江戸の需要が、大きな力をもったのか。言うまでもなく、一〇〇万人という当時としては世界でも稀《まれ》な巨大な規模の人口が、江戸に集中していたからであった。では、なぜそのような大規模な人口集中が起きたのか。幕府が参勤交代の制を実施し、年々歳々全国の大名の半数を江戸に集めたからであった。まさに権力が人為的にそれをつくり出したからだ。となると、そこから導かれることは、ひとつである。それは、国家が、通常権力的にコントロールすることのむずかしい市場や経済を、それでもなんとかコントロールして国家に統一をもたらそうとすれば、首都をできるだけ豪壮につくり、人為的に人口密集地をつくり出すという方法があったということである。

多分、明治国家も権力を掌握するや否や、この真理に目覚めたのだろう。そして国家統治上、いかに江戸が重要な都市であるかに気づいたのである。だから江戸城総攻撃（一八六八年三月一五日）を断念するや、たちまち今度は東京遷都に向けて動きはじめたのである。

維新の立役者のひとり大久保利通が「遷都」の必要を口にしはじめたのは、早くも鳥羽・伏見の戦いの翌月であった。

第二節　首都建設（選択）の意義

首都と市場

そして大事なことは、この、首都という人口密集地を人為的につくり出し、通常なら困難な市場や経済に対するコントロールを、需要の創出によって行うという国家統治策は、決して江戸幕府や明治国家だけがとった策ではなかったということである。

古代国家もまたそれをとった。大和盆地には、全国の国名が地名になった国地名と呼ばれる地名（村名・字名）がたくさんある。出雲、吉備、長門、豊前、但馬、三河、丹波市、備前、上総、飛驒、大隅、土佐、薩摩、武蔵などである。丹波市にいたっては今の天理市の旧名である。私自身は正確に数えたことはないが、五〇以上あるとのことである。

かつて歴史のどこかの時点で、全国津々浦々から大勢の人が奈良盆地に集まってきて住み着いたことの、それは証だ。出雲（桜井市）にやってきた人として有名なのが野見宿禰《のみのすくね》であった。

そして、そのどこかの時点とは多分、ヤマト王権が誕生し、権力の象徴として、箸墓《はしはか》をはじめ巨大前方後円墳を次々とつくりはじめた時点であった。その築造に全国から動員された人びとが、やがて大和盆地に定住し、それらの地名を残したのであろう。最初の巨大前方後円墳箸墓の築造に際して、それまで全国各地――たとえば弥生時代末期に巨大な墳丘墓楯築《たてつき》を築造した備前――で生み出され、蓄えられてきたさまざまな弥生墳丘墓の築造方法が、複合的に組み合わされて用いられたことからも、それがわかる。

ということは、三世紀に大和に誕生した巨大前方後円墳を以《もっ》てみずからの権威の象徴とした権力は、その権威の象徴の創出を通じて、じつは大和盆地（＋河内平野）を、突出した人口密集地に変えていったのである。だからこそ、古墳時代の大和は、弥生時代の大和とはなんの連続性もなく、忽然《こつぜん》と現れた。

そしてそれは、古代日本もまた、人為的・権力的に人口密集地をつくり出すことによって、市場や経済をコントロールするという、国家統合策をとっていたことを示していた。

そこで大事なことは、考古学者の大久保徹也氏がこの間、繰り返し主張されているように、古代においても商品経済＝市場経済は存在したということである。その規模は違うかもしれないが、今日同様、人・物・情報は交換され、流通しつづけていた。

私が第一章で、木津川・淀川水系を媒介にした分業共同体として、畿内（「けいはんな」）を定義したとき、大久保氏から次のような指摘を受けた。

ひとつは、同じような分業共同体は、瀬戸内海を媒介にする形でも、伊勢湾を媒介する形でも、各地にみられた。したがって逆に、それが存在したというだけで、他地域に対する畿内の優位性を語ることはできない、との指摘であった。

そしてもうひとつは、その各地にみられた分業共同体は、相互に連動し合いながら、一種の全国市場のようなものを形づくっていた、との指摘であった。時代を弥生時代にまで遡ってみても、なにも変わらないとも言われた。

そして、それが証拠にということで、私のいう木津川・淀川水系を媒介にした分業共同体を畿内と呼べば、その畿内はきわめて通行しやすい交通路によって、四方八方の社会と結びついている事実をあげられた。木津川・淀川水系が下流部で環瀬戸内海世界とつながっているのは一目瞭然だが、木津川上流部においても、低い峠をひとつ越えれば、そこは近江（甲賀）、あるいはそこは伊勢（鈴鹿）という世界が広がっている事実を指摘された。

その指摘を受け、それはたしかにそうだ、と私も思った。木津川最上流部に位置する鉄道の駅柘植《つげ》駅（伊賀国）からJR草津線で一駅北に行くと、そこはもう近江の甲賀だし、JR関西線で二駅ほど東に行くと、そこは伊勢の入口関《せき》（古代には鈴鹿関《すずかのせき》があり、近世には関宿《せきじゅく》として栄えた地）である。

たしかに畿内のような分業共同体は、各地の分業共同体と数珠つなぎになっていたのである。ならば古代においても、人・物・情報が縦横に行き交う市場経済が存在していたといっても、差し支えない。そしてそれは、古代においてさえ、というべきなのである。

だとすれば、容易にコントロールできない市場や経済をそれでもコントロールしようとして、国家が首都という名の人口密集地を人為的につくり出し、需要の創出を通じてそれを行おうとするのは、きわめて一般的なことだったといって差し支えないだろう。

だから国家は、いつの時代も、「都」と名のつく消費空間を人為的につくり、みずからも浪費をつづけたのである。

新都への衝動

あくまでも『日本書紀』によればの話だが、そもそも神武《じんむ》天皇が日向《ひゅうが》をたち大和を目指したのも、そこに「都」をつくるためであった。その「都」をつくるために、三世紀以降の王権は、大和盆地と隣接する河内平野に、巨大な前方後円墳をつくりつづけた。そして天武《てんむ》天皇の時代以降になると、その「都」を、まさに都市としてつくりはじめた。藤原京の建設にはじまる、いわゆる都城の建設がそれであった。そして聖武《しょうむ》天皇が、木津川に架橋しなければ建設のできない恭仁《くに》京の建設に取りかかって以降、それは一段とギアーを上げ、最後は平安京（京都）建設にたどり着いた。

そして平安京が「万代《よろずよ》の都」と認識されるようになると、今度は、平安京は平安京として残したまま、プラスアルファーの新都建設が開始された。院政期になると、上皇たちは平安京の郊外の白川や鳥羽に、みずからの政治拠点（白川や鳥羽）を築いた。そして平清盛が兵庫に福原京をつくり、源頼朝が鎌倉を建設した。

その意味では、あえて京都に幕府を開いた室町幕府は特殊だった。しかし、戦国の内乱がようやく収束に向かうと、今度はそれを収束させた天下人たちが、より大規模に、その新都建設に取り組んだ。織田信長が安土をつくり、豊臣秀吉が伏見・大坂をつくり、徳川家康が江戸をつくった。明治国家が江戸を東京に改めて遷都したのも、その流れを引き継いでのことであった。

だから興味深いことに、江戸の時代も、東京になってからも、東京はどこまでも消費都市であって、生産都市ではなかった。江戸市中や、江戸地回りの産業が、江戸の需要を満たすことはなかった。江戸の地回りで「下り酒」に代わる酒をつくろうとする努力は、寛政の改革のころ活発化するが、結局は成功しなかった。

日本第一の工業都市は昭和の初めまで相変わらず大阪でありつづけた。東京が日本一の生産都市になるのは、昭和の総力戦体制下においてであった。

国家にとって首都建設が不可欠の統治行為であったことのこれらは証拠であった。

第三節　再び視線を「けいはんな」に

再び恭仁京建設の画期性について

次ページの表は、西村さとみ氏にまとめていただいた、『続日本紀』に記された聖武《しょうむ》天皇の治績一覧である。その生涯が、大仏の造立も含め、いかに土木事業に明け暮れたものであったかがわかる。

ただ、ここでもうひとつ指摘しておかなくてはならないのは、権力者が「都」をつくり、人為的に人口密集地をつくり出す場所は、通常その時代の未開発地であって、既開発地ではなかったということである。それは、市場に需要という外部をつくり出す空間であり、交通の発達と連動し自然発生的に発展する市場経済社会との対抗を意識するからである。

ということは、新都建設には、いつの時代も必ず、未開発地を既開発地に変える大規模なインフラ投資が必要になるということであった。大坂や江戸は、かつて湿地帯だったので、そもそも

◆『続日本紀』に記された聖武天皇の治績

西村さとみ作成

和暦	西暦	月日	恭仁京関係のおもな事項
天平11	739	3 甲午	天皇、**甕原離宮**に行幸。3・丁酉…宮に帰還。
		3 乙酉	天皇、**甕原離宮**に太上天皇とともに行幸。3・戊午…宮に帰還。
12	740	2 甲子	天皇、難波宮に行幸。鈴鹿王、藤原豊成を**留守**とする。
		5 乙未	天皇、山背国相楽郡にある右大臣（橘諸兄）の別荘に幸する。
		10 己卯	天皇、大将軍大野東人に「関東」行幸の意思を告げる。
		10 壬午	天皇、伊勢国に行幸。鈴鹿王、藤原豊成を留守とする。
		12 戊午	天皇、近江国に入る。「**遷都を擬る**」ため橘諸兄を山城国相楽郡恭仁郷に派遣。
		12 丁卯	天皇、**恭仁宮**に行幸する。「始めて**京都を作る**」
13	741	正 朔	天皇、はじめて**恭仁宮**において朝賀を受ける。宮垣が未完成のため幕をめぐらせた。
		正 癸巳	伊勢神宮および七道の諸社に使を派遣し、**新京**に遷ったことを報告。
		閏3 己未	平城宮の兵器を甕原宮に運ばせる。
		閏3 乙丑	天皇、**平城の留守**に、五位以上は勝手に**平城**に住んではいけない、事情により帰る場合は太政官符を受けて許可せよ、現在**平城**にいる者は今日（今月）中に出発せよ、それ以外の地にいる者も急ぎ呼び返せ、などと詔する。
		7 戊午	太上天皇、**新宮**に移る。天皇、**河**（木津川）のほとりで迎える。
		7 辛酉	群臣に**新宮**で宴を賜る。
		8 丙午	**平城**の2つの市を**恭仁京**に遷す。
		9 辛亥	**遷都**により、**左右京**の人民の調・田租および畿内4か国の田租を免除。
		9 乙卯	**京都**「**新たに遷れる**」をもって大祓する。智努王らを造宮卿に任命。
		9 丙辰	**造宮**のため、大養徳（大和）・河内・摂津・山背より役夫を徴発。
		9 己未	智努王らを派遣し、**京都**の人民に宅地を班給。**賀世山の西の道**より以東を**左京**、以西を**右京**とする。
		9 丁丑	宇治と山科に行幸。**奈良留守**藤原豊成を召し**留守**とする。10・己卯…宮に帰還。
		10 癸巳	7月からつくりはじめた**賀世山の東の河の橋**が今月完成。携わった優婆塞ら705人を得度させる。
		11 戊辰	橘諸兄の奏に応えて、朝廷の名を**大養徳恭仁宮**とする勅が下される。

14	742	2 庚辰	恭仁京の東北の道を開き、近江国甲賀郡へと通じさせる。
		8 癸未	天皇、近江国甲賀郡紫香楽村へ行幸すると詔し、造宮卿智努王らを造離宮司とする。
		8 甲申	天皇、石原宮にいたる。
		8 乙酉	宮城より南の大路の西の頭と、甕原宮より東とのあいだに、大橋をつくらせる。諸国に賦課。
		8 乙亥	天皇、紫香楽宮にいたる。9・乙巳…恭仁京に帰還。
		12 庚子	紫香楽宮に行幸。
15	743	正 壬寅	紫香楽宮より帰還。正・辛丑朔…橘諸兄を先に恭仁宮に帰らせる。
		4 壬申	紫香楽宮に行幸。橘諸兄らを留守とし、多治比木人を平城宮の留守として派遣。4・乙酉…宮に帰還。
		7 庚子	天皇、石原宮に出向き、隼人に饗を賜う。
		7 癸亥	紫香楽宮に行幸。橘諸兄らを留守とする。
		8 朔	鴨川に行幸し、その名を宮川と改める。
		9 丁巳	甲賀郡の調・庸を畿内に准じて収めさせる。また、当年の田祖を免除。
		10 辛巳	盧舎那仏造立発願の詔を発布。
		10 壬午	東海・東山・北陸三道25か国の当年の調・庸などをすべて紫香楽宮に貢納させる。
		10 乙酉	天皇、紫香楽宮にて盧舎那仏像をつくるために寺地を開く。行基が弟子を率いて人びとを勧め導く。
		11 丁酉	天皇、恭仁宮に帰還。「車駕紫香楽に留連すること凡そ四月なり」
		12 己丑	はじめて平城の武器類を恭仁宮に運び収める。
		12 辛卯	平城の大極殿・歩廊の恭仁宮への移建が4年の歳月を経てようやく終了。その費えは大きく、今さらに紫香楽宮をつくるため、恭仁宮の造作を停止。
16	744	閏正 朔	百官を朝堂に集めて、恭仁・難波の二京のいずれを都とするべきかを問う。 恭仁京…五位以上24人、六位以下157人。難波京…五位以上23人、六位以下130人。
		閏正 戊辰	藤原仲麻呂を派遣し、京を定めることについて市人らに問う。みな恭仁京を都とすることを望んだが、難波を願う者、平城を願う者もそれぞれ1人いた。
		閏正 癸酉	京職に命じて諸寺や人びとに舎宅をつくらせる。
		閏正 乙亥	難波宮に行幸。鈴鹿王、藤原仲麻呂を留守とする。
		2 乙未	茨田王を恭仁宮に遣わし、駅鈴、内・外印を運ばせる。諸司・朝集使らを難波宮へ移動させる。

和暦	西暦	月日	恭仁京関係のおもな事項
		2 丙申	駅鈴、内・外印が難波宮に。鈴鹿王・小田王ら5名を恭仁宮の留守、紀清人ら2名を平城宮の留守とする。
		2 甲寅	恭仁宮の高御座と大楯を難波宮に運ばせる。また水路を用いて武器を運ばせる。
		2 乙卯	恭仁京の人民が難波宮に遷ることを願う場合は、それを許可する。
		2 戊午	三嶋路を通って紫香楽宮に行幸。
		2 庚申	左大臣、難波宮を皇都とする旨の勅を伝え宣べる。
		4 丙辰	紫香楽宮をつくりはじめたが百官がいまだ完成しないため、官司ごとに公廨銭を与えて運用させ、造営に充てさせる。
		11 壬申	甲賀寺に盧舎那仏の体骨柱を建てる。天皇みずからその縄を引く。
		11 癸酉	太上天皇、甲賀宮に幸する。
17	745	正 朔	朝賀を停める。新京に遷り、山林を伐採し土地を開墾して宮室をつくったものの、垣・塀は未完成であるため、幕を廻らせた。大楯・槍を建てる。
		4 戊戌	宮城の東の山で火災が起こり、幾日も鎮火しなかった。天皇も大丘野に幸する。
		5 己未	官人を太政官に召し、いずれの地を京とするべきかを問う。みな平城を都とするべきだと答えた。
		5 辛酉	栗栖王を平城の薬師寺に派遣し、四大寺の僧にいずれの地を京とするべきかを問う。みな平城を都とするべきだと答えた。
		5 壬戌	天皇、恭仁宮に還る。紀麻路を甲賀宮の留守とする。
		5 癸亥	天皇、恭仁宮にいたる。恭仁京の泉橋で人民が車駕を拝謁し万歳を唱える。
		5 丙寅	近江国の人民1000人を徴発して甲賀宮周辺の山火事の消火にあたらせる。
		5 丁卯	恭仁京の市人が平城に徙る。
		5 戊辰	無人の甲賀宮に盗賊が横行、火災も鎮火しないため、衛士らを派遣し官物を収納させる。平城に行幸。
		6 庚子	宮門の大楯を建てる。
		8 癸丑	難波宮に行幸。藤原豊成らを留守とする。
		9 己卯	天皇、平城へ向けて出発し、宮池駅に宿泊。9・庚辰…平城宮にいたる。
		12 戊戌	恭仁宮の兵器を平城に運ぶ。
18	746	9 壬寅	恭仁宮の大極殿を国分寺に施入。

陸地をつくるところからはじめなくてはならなかったし、一〇〇万都市江戸の建設には、五街道の整備や、西廻り航路（北前船）・東廻り航路・南海路（菱垣《ひがき》廻船・樽《たる》廻船）の整備など、列島全体を包み込む交通網の構築が不可欠であった。利根川の付け替えなども同様である。

そして、その交通網を一からつくり直すレベルの巨大なインフラ投資をしてまで新都を建設しようとした最初の例が、じつは聖武天皇による恭仁《くに》京遷都（建設）だったのである。藤原京と平城までは、都市の区画整理は行っても――それだけでも飛鳥浄御原宮《あすかのきよみはらのみや》以前の宮の建設に比べれば相当大規模なインフラ投資なのだが――それ以上のインフラ整備は必要なかった。道は、都建設以前から存在していた「上ツ道《かみつみち》」や「中ツ道《なかつみち》」や「下ツ道《しもつみち》」を使えばよかった。

しかし、恭仁京を建設しようとすれば、どうしても木津川を渡る橋（泉橋）を建設しなくてはならなかった。さらには木津川や淀川の治水にも取り組まなくてはならなかった。それは従来に比べて、計り知れないほどの巨大なインフラ投資であった。長岡京・平安京建設の場合は、泉橋に加えて淀川・宇治川を渡河する橋（山崎橋・宇治橋）の建設も必要であった。

聖武天皇はそれに取り組んだのである。西村氏にご教示いただいた聖武天皇の土木事業への深いかかわりは、そこから生まれた。そして、それに取り組むにあたり、聖武天皇は高度な技術をもった人びとの助力を求めた。それに応えたのが行基《ぎょうき》および彼が率いる行基集団であった。彼は山崎橋を建設し、泉橋を建設した。さらには、畿内一円で多数の架橋・築堤工事を行った。

斉藤恵美氏によれば、行基が建てたとされる「四九院《しじゅうくいん》」の多くは、その架橋や築堤工事と関連していた。山崎橋建設の拠点となったのが久修園院《くしゅうおんいん》（木津寺《こつじ》）であり、泉橋建設の拠点となったのが泉橋寺《せんきょうじ》であった。

しかも重要なことは、行基にとっては、その多くの土木工事にかかわることが、すなわち華厳《けごん》の教えを広めることでもあったことである。それがどう結びつくのかは、やがて斉藤氏が明らかにしてくれると思うが、その結びつきがあったればこそ、彼の大僧正としての大仏造立へのかかわりもあったのである。

木津川・淀川治水の始期について

なお先ほど述べた恭仁京建設には、木津川や淀川の治水が不可欠だったという点については、大久保氏から異論が寄せられたので、ひと言述べておく。

古代の土木技術では、中小河川の治水はできても、木津川や淀川のような大河川の治水はできないというのが、大久保氏の異論の根拠であった。しかしそれならば、仁徳《にんとく》天皇の時代にはすでに淀川（左岸）に「茨田《まんだ》の堤《つつみ》」と呼ばれる堤防が築かれていたとする『日本書紀』の記述の説明がつかないではないか、あるいは木津川のような大きな川が相当高い天井川になっている理由が説明できなくなるのではないか、というのが私の反論である。

天井川というのは、築堤と川床上昇のイタチごっこから生まれるものであるが、木津川のような大河川が天井川になるのには、相当長期にわたる、流域全体に及ぶ築堤の歴史がなくてはならないはずである。

ただその論争はおくとして、ここまで述べてきたことで、権力者が交通路のつくり替えをともなうような大規模なインフラ投資をしてまで新都の建設に取り組んだ最初の例が、聖武天皇による恭仁京建設であったことは、理解していただけたと思う。

だとすれば、この「けいはんな」の地には、現在の東京と「けいはんな」（関西）の関係のプロトタイプが、じつは「史跡」として埋め込まれていることになる。「けいはんな」が今の東京であり、大和盆地が今の「けいはんな」ということになる。ならば、それを探り当て、研究することが、東京一極集中に悩む今日の日本の未来を予測するうえで、けっこう重要な手がかりを与えてくれるのではないかというのは、考えすぎだろうか。

「けいはんな」研究の現代的価値がここにあるとも思う。

結びに

消費都市東京の支配は、いつまでつづくのか。そう長くはない、というのが私の勘である。国家が、「けいはんな」に誕生した強い市民社会と対抗し、それを取り込み、さらには抑え込むために、江戸＝東京の購買力を利用したこともあって、文化・文政期ごろから江戸＝東京には、上方文化の物真似ではない、独特の文化が発達するようになった。そして今や、東京発の文化こそが日本文化だと思われるほどに、それは発達した。

本来、「大阪の笑い」のはずの吉本興業の提供する笑いが、東京で認められることに躍起になったり、おでんを「関東炊き」と多少上から目線で呼んでいた関西人が、おでんを「おでん」と呼ぶようになったのも、その結果であった。大阪の人はさすがに自己流を貫いているが、京都の人はエスカレーターの左側に乗るようになった。

ただ、ここまで東京の文化支配が徹底してきて思うのは、「おもしろくない」である。ほとんどのテレビ番組が東京のキー局によって制作されているが、まことにおもしろくない。なんと「食レポ」番組の多いことか。味覚など人によって多様なはずなのに、皆ひと口食べるや「うまい」を連発する。しかも身振りを交え、大声で。そのくせ平気で食べ残す。そのようなものを見せられておもしろいと思う人がいたら顔を見てみたい、と思うのは私だけだろうか。それが証拠に、今や若者がテレビ文化を見捨てはじめている。以前、受信料で生きるＮＨＫなど必要ないという議論が、けっこう盛んに行われた。そのとき私が思ったのは、ではＮＨＫが必要ないのなら、必要な放送局などあるのかということであった。今、報道番組を支えているアナウンサーの多くがＮＨＫ出身だという現実をみるだけで、それはわかる。そして、おもしろくないものは、人びとの嗜好《しこう》を牽引《けんいん》するリーダーにはなれない。だから、もう長くはないのではないかと思う。

くわえて、どうもこれからは、大量の需要に向けて大量に生産する時代が終わり、何ごとも「地産地消」が推奨される時代に入りそうだ、とも思うからである。「道の駅」レベルの「地産地消」ではない。エネルギーなども含めたもっと大きな「地産地消」である。ＳＤＧｓということが声高に叫ばれていることに表れているように、この世のあらゆるものには限界のあることを自覚しながら生きる時代に入る、ということである。ならば、生産と直結しない消費ではなく、生産と結びついた消費を追求せざるをえなくなる。それは、その成り立ちからいって東京にはできない。再び「けいはんな」の時代が来るのではないかと、多少期待する。

ただ同じ地産地消ではあっても、人の欲望の極端な制限につながるような地産地消は避けなくてはならない。それこそが、江戸時代以前において、身分制社会を生み出しつづけた原動力だったからである。そこへ逆戻りするわけにはいかない。

ならば何が必要か――。地産地消を支える旺盛なイノベーションが必要になるのである。それをよくなしうる社会が「けいはんな」か東京か、競争がはじまる。

［参考文献］

1　大久保徹也「バケツリレー的物資調達方式は有効なモデルか?――または弥生社会は如何にして心配することを止めて非自給物資を調達したか」(『日本史の方法』Ⅶ、二〇〇八年五月)。
2　大久保徹也「弥生時代後期の遍歴する職人たち――香川県原中村遺跡の漆工関係土器類の検討から」(徳島文理大学文学部『比較文化研究所年報』三九号、二〇二三年三月)。
3　大久保徹也「備讃瀬戸両岸地帯にみる弥生時代社会の推移」(『弥生文化博物館研究報告』八集、二〇二三年三月)。
4　斉藤恵美「大仏論」(奈良女子大学STEAM・融合教育開発機構主催「シンポジウム　大仏とは何か」〔二〇二二年一〇月二八日〕における報告)。
5　西村さとみ「古代遷都論の立場から」(奈良女子大学STEAM・融合教育開発機構主催「シンポジウム　平城から平安京へ　恭仁京の意味」〔二〇二二年五月一四日〕における報告)。
6　北條芳隆・小茄子川歩・有松唯編『社会進化の比較考古学――都市・権力・国家』(雄山閣、二〇二一年)。
7　松本典子『日本近世における酒と酒造業の歴史的研究』(二〇一八年度奈良女子大学博士論文)。

けいはんな
KeiHanNa
RISE歴史・文化講座
01

第六章◎EXPO 2025に向けて、地域の歴史を振り返ることの意味

はじめに

今回の万博の奇妙な公式キャラクターの愛称は「ミャクミャク」というらしいが、過去からの水都大阪の歴史を「脈々」として受け継ぎ、未来につなげていくという意味らしい。時間と水の流れをひっかけて「ミャクミャク」と命名したとのこと。ただ、実際に議論されているのは未来のことであって、過去のことではない。「脈々」として流れる時間をどう受け止めようとしているのかは、今のところ不明だ。

そして、それはけっこうむずかしいことだ。大日本帝国憲法を発布したとき、諸外国の了解を得るために、その外国語訳（その一冊がハーバード大学の図書館にある）を持って、立案者のひとり金子堅太郎が欧米各国を回った。そのとき各国の首脳から異口同音に発せられたのは、この憲法ははたして日本の歴史に根ざしているのか、との問いであった。欧米各国の憲法の単なるパッチワークならば、なんの価値もないと言われた。そこで、金子は帰国するや明治天皇に拝謁し、歴史編纂《へんさん》の必要を説いた。しかし、それを聞いた伊藤博文は激怒し、そんなことをしたら幕末・維新期、薩摩と長州がじつは仲が悪かったことが白日の下にさらされてしまうではないか、と言ったとか言わなかったとか。

このエピソードの虚実は別として、伊藤のごとく未来に向かって何かを成そうとする者は、過去に縛られることを嫌う。だから、過去からの水都大阪の歴史を「脈々」として受け継ぐとはいっても、お題目以上にそのことを真剣に考えようとする人は、なかなか現れない。それは止むをえないことである。ＥＸＰＯ２０２５の取り組みもまた、未来に向けての挑戦だからである。

しかし、止むをえないからといって、ではそれを疎かにしていいかというと、それは違う。やはり歴史は受け継がれなくてはならないのである。

なぜか――。為政者やエリートは歴史に無頓着であっても、庶民は違うからである。そして庶民の応援なくしては、万博のような大規模な祭りの成功は望めないからである。

―第一節― 歴史を記憶する力

神話からの示唆

最近のＤＮＡ解析の発達により、人類がどのようにアフリカから出て世界中に広がったのかが、よくわかるようになってきた。彼らはアフリカから紅海を渡ってアラビア半島に行き、そこからインドに渡った。その後北上して、ヒマラヤとつながる峠を越えて草原の道に出たところで、東西に分かれる。西に向かった者たちは中東やヨーロッパにいたり、東に向かった者たちはアリューシャン列島を越えて南アメリカ大陸まで行ったのである。

人類最古の歴史書『聖書』は、人類を、その『聖書』を描いた人びとが住む地（中東）よりもさらに東の地（エデンの園）からやって来たもの、と記憶している。的を射てはいないだろうか。たしかに彼らにとって祖先たちは、南からではなく、東からやって来たのである。遠い祖先たちの行動を人びとは記憶していたことになる。この、信じがたいぐらいの記憶力が、集団としての人には備わっている。

そして、同じようなことは我々の周りにもありそうなのである。

奈良盆地の南部には、人に人の子を産ませる能力をもつ神が棲《す》む。大神《おおみわ》神社の祭神大物主神《おおものぬしのかみ》である。三島湟咋《みしまのみぞくい》の娘で、絶世の美女として知られた勢《せ》夜《や》陀《だ》多《た》良《ら》比《ひ》売《め》と交わり、のちに神武《じんむ》天皇の皇后となる媛蹈韛《ひめたたら》五《い》十《す》鈴《ず》媛《ひめ》を産ませたことで知られ、さらには崇神《すじん》天皇五年に起きた疫病の大流行を鎮めるために、みずからの子太田《おおた》田《た》根《ね》子《こ》（人間）にみずからを祀らせたことで知られる神である。人の祖先となり、人に繁栄をもたらす神である。その場合、人はどこまでも神に保護され、自然に育まれて生きる存在である。その生き方を人は未開という。

それに対して、京都盆地の北部には、人から生まれた神が棲む。人の女性である玉依姫《たまよりひめ》が、川を流れ下ってきた何もの（正体は不明）かと交わって生まれた神、それが別雷神《わけいかずちのかみ》である。加茂別雷神社（上賀茂神社）の祭神であり、加茂御《み》祖《おや》神社（下鴨神社）の祭神玉依姫の子である。人に本来「神性」が宿ることを証明すべく生まれた神である。それが宿るからこそ人から神が生まれるのである。

では、「神性」を宿すことを証明された人間は、何をするのか。自然に育まれて生きるのではなく、自然をつくり替えて生きる。「造物《ぞうぶつ》」（『日本書紀』顕宗《けんぞう》天皇条の表現）たる神と同じことをするのである。だから京都盆地には、その自然のつくり替えに携わったであろう人びと（土木技術者集団）を象徴する神が存在を誇示している。山を削り、川に杭を打つ神大山咋神《おおやまくいのかみ》である。松尾《まつのお》大社と日吉大社がその住処《すみか》である。いずれも神紋は双葉葵であり、開発地に生える蔓草《つるくさ》を象徴しているものと思われる。先に治水の神と定義した神である。

そういえば古代日本には、開発地の象徴である蔓草（葛）を名に冠する有力な豪族が複数いた。葛城氏と藤原氏である。「葛」と「藤」は同義だ。葛井寺《ふじいでら》（西国三三所観音霊場第五番札所）と書いて「ふじいでら」と読ませることとを見ればわかる。下鴨神社と上賀茂神社のあいだを行列する賀茂祭（葵祭）の飾り花も藤の花であった。

こうした神の分布は、奈良盆地が自然のままの地形を前提にしたときの「六合《くに》の中心」（天・地・東・西・南・北の中心）であったのに対して、恭仁《くに》京のあった南山城《みなみやましろ》を含め、京都盆地が人為的なインフラ投資（築堤や架橋）によって生み出された「六合の中心」であったことと対応していた。人がつくり出す神の記憶は、意外と正確に、社会の実相を映し出していたのである。

伏見稲荷大社

となると、私などが気になるのは、伏見稲荷大社の存在である。全国の稲荷神社の総本山であるが、なぜあんなところ（京都伏見）にあるのだろうかと思う。

そこで見ておかなくてはならないのは、稲荷の神の正体である。『山城国風土記』の逸文などを素材に、元は稲作の神、今は商売繁盛の神とするのが通り相場だが、それは違う。稲荷の神の名は「宇迦之御魂大神《うかのみたまのおおかみ》」というが、「宇」は「天井」＝「天」を意味し、「迦」は「火」の当て字だから、その名は「天火之御魂大神」、美称を取り去ると「天火之神」となる。明らかに火の神――けいはんな RISE 歴史・文化講座01――「けいはんな」から日本史を考える――「茶の道」散歩――日本版プロメテウス――なのである。

だからそれは、ありとあらゆる産業と結びつく。ほとんどすべての神社仏閣に、稲荷神社が付随する所以《ゆえん》である。また、鍛冶師や鋳物師がとり行う鞴《ふいご》祭りの過半が、稲荷神社で行われる所以でもある。

だとすれば、稲荷神社の総本山があの場所（京都伏見）にあるのもわかる。京都盆地こそ、人がインフラを整備して、神のごとく自然をつくり替えて生きる、文明的生き方の最初の実験場だったから、ということになりはしないだろうか。そして自然のつくり替えに、火の利用は付き物だったからである。

そして注目しておきたいのは、初詣全国神社ランキングである。年によって変動するが、つねに上位に入り、関西エリアでは不動の一位を保っているのが伏見稲荷である。では、人はなぜ伏見稲荷に詣でるのか。そこに、京都盆地を舞台に、人びとの生き方を、未開的な生き方から文明的生き方に変えた人たちに対する敬慕の念が働いているからではないだろうか。少なくとも私はそう思う。

そして、だとすれば、そこにはすさまじいばかりの記憶の持続がある。その記憶の持続が庶民のなかにはあると、私は考えるのである。

為政者やエリートは歴史に無頓着であっても、庶民は決してそうではない。

第二節　万博と都市計画

都市の郊外発展

さて、万博や大規模な博覧会には、通常二つの課題がある。ひとつは、いまだ見ぬ未来の生活を人びとに提示し、生活様式の革新を図ることである。もうひとつは、その新しい生活様式を実現するために必要な、新たな都市や地域のあり方を提案し、実現に移すことである。そして見落とされがちなのは後者である。イベントの華やかさの陰に隠れるからである。しかし、それは重要である。

たとえばEXPO 1970は、増えつづける都市人口を吸収するための郊外型大規模ニュータウンの建設を提案し、それを促進する役割を果たした。だからその会場は千里丘《せんりおか》であり、来場者の運搬手段は、延伸された御堂筋線だったのである。千里ニュータウンが、その後続々と誕生した各地のニュータウンの雛形《ひながた》になったことは周知のとおりである。

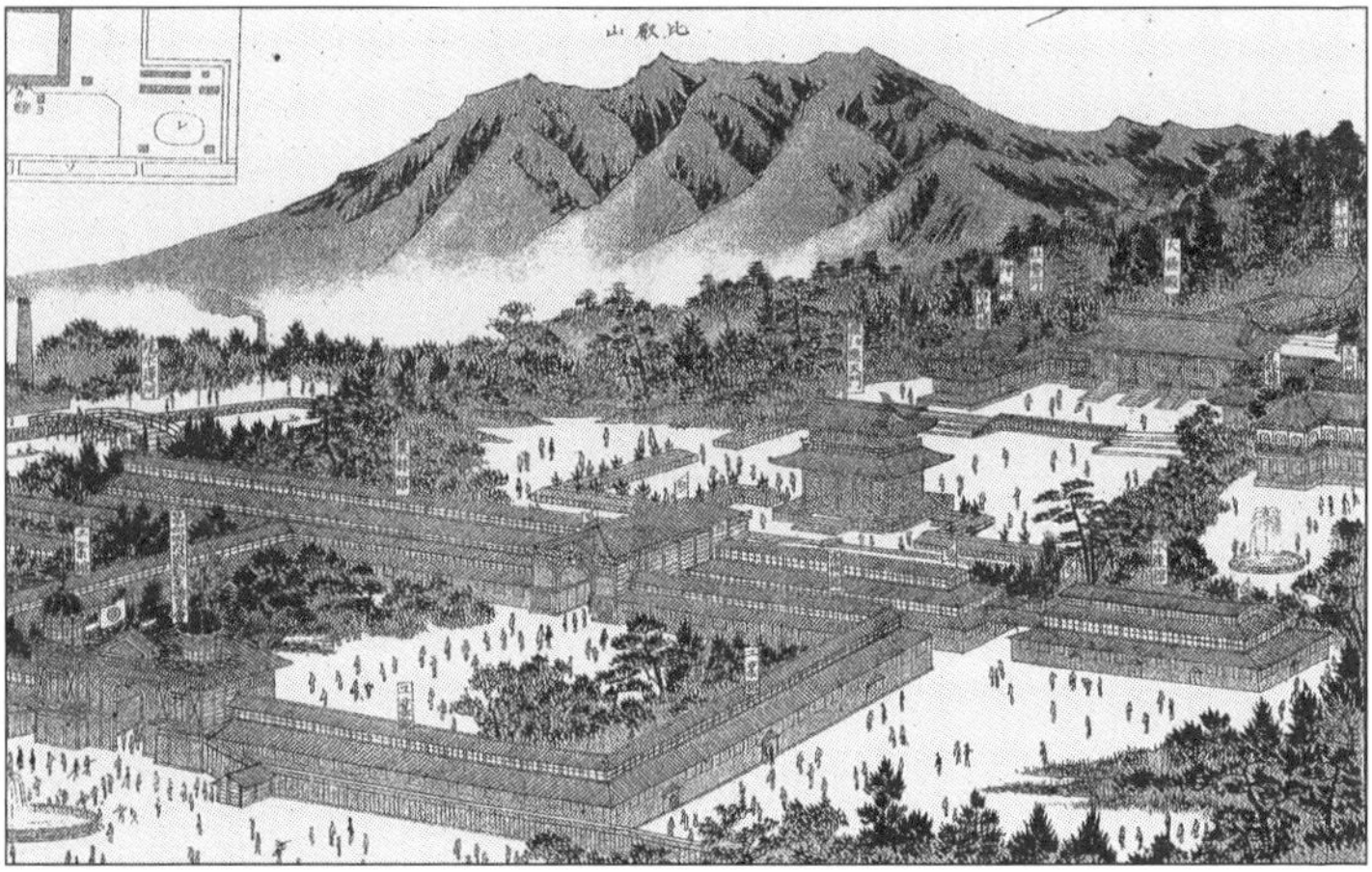

第４回内国勧業博覧会

上：**平安神宮と博覧会場**　平安遷都 1100 年を記念し、桓武天皇を祭神に建設。

中：**博覧会場**　京都市東郊の岡崎村を中心に、東京以外で開催された最初の内国勧業博覧会。慶流橋より望む。

右：**市街電車**　博覧会の足となった日本初の市街電車。

第５回内国勧業博覧会

上：**博覧会場**　大阪市南郊の天王寺村を中心に、将来の万博開催も意識して開催された、最後で最大の内国勧業博覧会。

中：**イルミネーション**　電気の時代の到来が強く意識され、夜間開催に合わせてイルミネーションが灯された。

左：**通天閣**　万博会場跡地は遊園地ルナパークとして活用されたが、そのシンボルとして1912年に建設された。下はパリ凱旋門、上はエッフェル塔をイメージした。

そして、そうした都市の郊外開発の起爆剤に万博を使うという発想は、ほぼ二〇世紀を通じて維持されてきた。

先に触れたシカゴ万博がそうであったし、日本ではその影響を受けて、京都で平安遷都一一〇〇年を記念して一八九五年に開かれた第四回内国勧業博覧会がそうであった。当時まだ郊外の農村であった鴨川の東、岡崎の地を選び、そこに平安神宮（桓武《かんむ》天皇が祭神）を建設するとともに、電気時代の幕開けを告げる博覧会を開催したのである。

来場者を博覧会場に運ぶのに、琵琶湖疏水が生み出す電気（蹴上《けあげ》発電所）を利用して、市街電車（のちの市電）を京都駅――伏見間と、京都駅――南禅寺畔間に走らせた。まさに蒸気の時代から電気の時代への転換の端緒を開くとともに、大都市の郊外開発の雛形をつくろうとしたのである。

一九〇三年に大阪で開催された第五回内国勧業博覧会も同じであった。より強く将来の万博開催を意識した、会場をイルミネーションで満たす電気の博覧会となったが、会場は大阪南郊の天王寺村に設定され、将来の「大大阪」の礎が築かれた。大阪市民馴染《なじ》みの通天閣は、この博覧会の跡地利用として建設された。当初はパリ凱旋門の上にエッフェル塔を載せるという、世にも奇怪な、日本人しかそんなものは思いつかないという意味で、独創的な建造物であった。

もうひとつ事例をあげておくと、東京で一九一二年に開催が予定され、当初は日本最初の万国博覧会を目指したが挫折、最後は財政難を理由に中止された日本大博覧会がそうであった。青山練兵場跡と代々木御料地を利用して開催し、渋谷・新宿方面に向けて発展する東京市に都市計画(市区改正)の網をかぶせようとしたのである。そもそも日露戦争賠償金(結局得られなかった)をあてこんで計画されるといった財政基盤の弱さが露呈し、中止の止むなきにいたったが、この計画はその後、明治神宮と神宮外苑の建設となって一部実現し、東京の郊外発展に大きな影響を与えた。

貧困問題と田園都市構想

では、なぜこの一〇〇年間、万博や博覧会は、つねに都市の郊外開発と結びつけられてきたのか。万博や大規模な博覧会の場で提案される新たな生活様式は、必ず一方で、産業革命がもたらした深刻な社会問題、「貧困問題」の解決の手段という側面をもったからであった。世界でいえばエジソン、日本でいえば松下幸之助などが推進した家庭電化などもそのための手段であった。その「貧困問題」解決のひとつの柱が、郊外電車を発達させることで可能になる、人口の郊外分散だったのである。

そして、それは郊外に、大正時代から昭和初頭にかけてであれば文化住宅を、高度経済成長期以降であれば高層集合住宅を建設することによって、都市の過密人口を郊外に分散させ、人びとに「田園都市」の快適さを享受させるとともに、職住分離を促進し、都市中心部の利用効率を飛躍的に高めることで、種々の社会政策に必要な原資も同時に生み出すというものであった。それこそが「都市計画」であった。

ちなみに、現在我々が語る都市計画は、決して土木・建築学的な要請から生まれたものではない。世界的にいえばイギリス人エベネザー・ハワードによる田園都市計画の提唱（一八九八年）に、日本的にいえば、社会政策学――一八九七年に学会設立――からの要請に端を発して生まれたものであった。

大正から昭和にかけて、約二〇年にわたって大阪の都市計画を推進した関一《せきはじめ》市長も、本を正せば、東京高等商業学校（現、一橋大学）で社会政策学を教授した学者であった。つねにその関心は「貧困問題」の解決に向けられていた。

だから万博や博覧会が新しい生活様式を提案するとき、それはつねに都市の郊外開発と結びつけられ、その起爆剤としての役割を果たさせられてきたのである。

そうなると、あらゆる万博や博覧会は、都市の構造に大きな手術痕を残すことになる。EXPO1970もそれを残した。それを機に建設されたニュータウンの多くが、今や人口の高齢化に苦しむ社会問題のメッカとなっている。新たに開かれる万博は、逆にその手術痕と向き合い、さらにはみずからが施す新たな手術の処方箋を描かなくてはならなくなるのである。

EXPO 2025もまた、地域の歴史を「脈々」として受け継ぎ、未来につなげていく試みにならざるをえない理由がそこにある。

なおここで、日本の都市計画についてひと言。

日本人は仮設の空間をつくるのには長《た》けているが、恒久的に維持していかなくてはならない空間をつくるのは下手だ。建築素材が「木」か「石」かだけの問題ではない。地震であれ、水害であれ、あまりに災害が多かったから、そうならざるをえなかったのである。

伊勢神宮が二〇年に一回遷宮するのも、掘立柱の上に建つあの建物が二〇年もたないからである。むしろ二〇年もたない日本の建築物を象徴するかのように、伊勢神宮は建っている。

しかし今や、日本でも恒久的建築物がつくれる時代になった。技術革新の賜物だ。にもかかわらず日本人は、二〇年もたない建物をいまだに建てつづけている。だから、街並みが不揃《ふぞろ》いになる。都市計画不在の都市計画が横行してしまう。

今回の万博でその歴史が変わることを望むのは、はたして私だけであろうか。

第三節 我が町の天皇制

祝祭空間の創出

くわえてもうひとつ、今回のＥＸＰＯ ２０２５もまた、地域の歴史を「脈々」として受け継ぎ、未来につなげていく試みにならざるをえない理由がある。

それは今度は逆に、都市の大規模な改造を行おうとするとき、人はなぜ万博のような大規模イベントを企画するのかということである。

都市ほど人びとの利害が複雑に錯綜《さくそう》するところはない。それのみならず、都市があれば必ず、周辺の農村（地方）とのあいだに、都鄙《とひ》間対立を引き起こす。まして都市の大規模な改造など行おうものなら、なおさらである。今は多くの人が賞賛する関一《せきはじめ》の市政（御堂筋の拡幅、地下鉄御堂筋線の敷設）なども、現実には猛烈な反対にあいながら進められた。『日記』を見れば、彼がしばしば帰宅時「なだ万」に立ち寄り、ひとり「小酌《しょうしゃく》」しているのも、そのことからくるストレスの解消法だったのかもしれない。

したがって都市改造のようなことを推進しようとすると、都市全体を強固な共同体感情で包み込まなくてはならなくなる。そのためのひとつの方法が、万博（あるいはオリンピック）のような大規模イベントを開催し、都市を一時的に祝祭（ハレの）空間に変えてしまうことだったのである。たしかに「ハレ」の空間の中では、人は「ケ」の社会の中での対立を忘れる。だから、大規模な都市改造には、大規模イベントが不可欠だったのである。

神宮の建設

では、なんでもいいから大規模イベントを開催すれば、人の共同体感情は高まるかというと、それは違う。時に失敗するイベントがあることをみればわかる。やはり人を共同体化させるに足る物語と、その祝祭空間にふさわしい象徴が必要であった。

だから、第四回内国勧業博覧会は、平安遷都一一〇〇年記念祭と合体し、博覧会場の背後に、桓武《かんむ》天皇を祭神とする平安神宮を建設した。京都市を平安神宮の氏子共同体につくり替えたのである。

また、幻に終わったが、日本で最初の万国博覧会開催を目指した日本大博覧会は、明治天皇の死をきっかけに、その方向を明治神宮（＋神宮外苑）建設に切り替え、形を変えて目的を達成した。それも東京市を明治神宮の氏子共同体につくり替える作業であった。その意味では、明治神宮が今なお初詣客日本一を誇る神社であることの意味は大きい。

さらに、我々の記憶に新しいＥＸＰＯ １９７０は、岡本太郎の着想を得て、日本人の創造性の源を縄文文化に求め、それを象徴する装置として太陽の塔を建設した。

なお付け加えておくと、第四回内国勧業博覧会が切り開いた大規模イベントの開催や都市計画の推進を機に、その地にゆかりの天皇を祭神とする神宮を建設するという手法は、けっこう一般化したようで、大阪も大正時代に仁徳《にんとく》天皇を祭神とする難波《なんば》神宮の建設を考えたし、奈良も聖武《しょうむ》天皇を祭神とする平城神宮の建設を考えた。ただ、それらはいずれも立ち消えになり、平城神宮の建設の場合は、平城宮跡の保存に変わり、一九一二年に実現した。

ゆえに、万博のような大規模イベントには、必ず地域の歴史を紡ぎ、地域をひとつの共同体にまとめる物語の創造が必要になるのである。たとえ虚実ないまぜの物語ではあっても、である。これもまた万博に、歴史の振り返りが必要になる理由である。

結びに

では、歴史を振り返ってみるとき、二〇二五年に大阪湾に浮かぶ夢洲《ゆめしま》で万博を開くことの意義はどこにあるのだろうか。

すでに述べたように、茶の湯に代表される日本の文化には、好戦的である前に、平和愛好的である側面がある。何ごとにつけ、ことの正邪・善悪を糺《ただ》そうとせず、ひたすら「以和為貴《わをもってとうとしとなす》」と言い、対話を求めつづけるその姿勢や究極の対話の作法、茶の湯の伝統のなかにそれは現れている。新渡戸稲造《にとべいなぞう》が『武士道』を書き、武士道に日本文化を代表させようとすれば、すかさず岡倉天心が『茶の本』を書き、それを打ち消したところにも、それは現れている。

多様性を増し、一義的にことの善悪を決することがますます困難になり、下手をすればウクライナ戦争のようなことが起きかねない現代世界にあって、そうした特性をもつ日本文化への期待はそれなりに高まりをみせているといえよう。その高まりに、まさに日本文化の揺籃《ようらん》の地「けいはんな」において応えるというのが第一の意義である。

だからEXPO 2025は、考えられるかぎり日本文化と先端技術の融合を図り、現代にふさわしく日本文化の宣伝・普及に努めなくてはならない。北野《きたの》大茶会《おおちゃかい》の故知にならって「世界大茶会」を催すなどというのも、いいのではないか。まさに「天心に帰れ」である。

しかもその場合、この「けいはんな」の地が、天心がその日本文化の中心に据えた茶の文化を育んだ、まさにこの国の市民社会の「まほろば」の地であることも忘れてはならない。私利私欲をたくましくする自由を得た人びとが横に連帯してつくる社会の伝統が、最初に根づいた地域であるということをである。

そして第二の意義は、「秋津《あきつ》瑞穂《みずほ》の国」（農業国）にあらざるこの国の、真の姿を見直す契機になることではないだろうか。六甲の山並みや淡路島の遠景は別として、決して美しくもない海に囲まれた人工島で行うのである。この国が、古来、夢洲《ゆめしま》のような造成地を次々とつくりつづけて、今日の国土を形成してきたという事実と、それは向き合うきっかけになると思う。

縄文海進の時代、今の河内平野の大半は河内湾であり、それがその後河内湖になり、最後は江戸時代初期の大和川の付け替え工事を経て、ほぼ今のような陸地に変わった。ただそれは単なる自然現象でそうなったわけではない。人の弛《たゆ》まぬ治水・灌漑《かんがい》への取り組みの結果、そうなったのである。古代、木津川・淀川流域に数多くの土木技術者集団が集まっていたことについては第一章で述べたが、それはその証であった。

日本人にとって、大地を切り拓けば、そこに田畑が形成され、稔りが約束されると考えるのは、牧歌的に過ぎる。大地を切り拓く前に、大地をつくらなくてはならないのである。森林が国土の三分の二を占め、河川の大半が世界でも稀《まれ》にみる急流であるこの国においては、それが宿命であった。

淀川下流・木曽川下流・利根川下流、それはつい最近まで耕地として使えるような土地ではなかった。だから稲作を行うことを、この国では「田をつくる」というのである。

だからこの国の人びとは、これまで営々として治水・灌漑に取り組み、まさに国土をつくってきたのである。時としては悪意を込めて「土建屋国家」といわれる国家をつくってきたのである。

だが、この国の歴史家は、そのことを無視してきた。つくられた大地の上で田畑を耕す人と、その収穫物を「収奪」する人たち(公家や武家)との関係にのみ着目して歴史を描いてきた。網野善彦がいうところの農本主義的歴史観に立ち、非農業民の存在を忘れてきたのである。

しかし、それが過ちであることは、もはや明らかである。農本主義的歴史観に立てば、単なる支配の拠点(暴力装置)にしかみえない大坂城などの近世城郭も、大地(国土)はそこにあるのではなく、つくられるものだとの前提に立てば、一七世紀における治水・灌漑技術の結晶のようにみえてくる。

巨視的な視点に立てば、大坂城の建設と大和川の付け替えは連動していたし、江戸城の建設と利根川の付け替えも連動していた。近世城郭の建っているところで、「元湿地」や「元荒地」でなかったところはほとんどない。その建設は、たいていの場合、その周辺を肥沃な大地に変える原動力となってきたのである。

周りを鉄とコンクリートで囲まれた人工島夢洲で万博を行うことは、その日本の成り立ちの実相を、我々に想起させてくれるはずである。それが、日本の社会が、失われたエネルギーを取り戻す大きなきっかけになればと思う。

建設の槌音《つちおと》に満ちた社会、それもまた美しいのではないだろうか。

［参考文献］

1 小路田泰直『日本近代都市史研究序説』（柏書房、一九九一年）。
2 小路田泰直『史料集　公と私の構造　第五巻　日本大博覧会関係史料・明治神宮関係史料』（ゆまに書房、二〇〇三年）。
3 小路田泰直「『古都』奈良の誕生」（奈良女子大学文学部なら学プロジェクト編『大学的奈良ガイド――こだわりの歩き方』昭和堂、二〇〇九年）。
4 芝村篤樹『関一――都市思想のパイオニア』（松籟社、一九八九年）。
5 関一『関一日記――大正・昭和初期の大阪市政』（東京大学出版会、一九八六年）。
6 内務省地方局有志編『田園都市』（博文館、一九〇七年）。

結

結びに

犬も歩けば棒に当たる。人も歩けば歴史に当たる。それが、ここまで書き終えて得た私の感想である。本書はあらかじめ何か特定の課題をもち、それを調べた結果生まれたものではない。ただひたすら「けいはんな」の地を歩き、歩きながら思索を積み重ね、その積み重ねの結果生まれたものである。

だから振り返ってみれば、歩く回を重ねるごとに、考え方が少しずつ変わってきている。当初は考えもしなかったことを、あとになって急に考えはじめ、関心がそちらに移ったということもあった。その意味では少し一貫性を欠いた叙述になってしまっているのかもしれない。

だが、それが歩き、〈偶然の出会い〉を糧に歴史を考えるということの醍醐味《だいごみ》だとも思う。だから一貫性を保つために、あえて歩き感じたことに、後知恵を加えることはしなかった。

しかし、それにしても感じたのは、この「けいはんな」の地には、二〇〇〇年近くに及ぶこの国の歴史のほぼ全期間にわたって国の中心でありつづけてきたことの重みが詰まっている、ということであった。「ここ」で考え、「ここ」を研究することが、日本全体を理解することにつながる地だということであった。

では、なぜこの地は、二〇〇〇年にもわたって、その重みを維持することができたのか。

ひとつは、やはり二つの意味で「けいはんな」は列島交通の中心でありつづけてきたからだと思う。『日本書紀』によると、神武《じんむ》天皇が日向《ひゅうが》をたち大和を目指したのは、大和が「六合《くに》の中心」だったからであった。「六合」というのは、天と地と東西南北という意味である。そもそもそこが列島交通の中心だったから、神武天皇は「都」を大和と定めたのである。

たしかに「けいはんな」は、地政学上列島交通の中心であった。日本列島は全体が黒潮の流れに浮かぶ中の島のような形をしているが、鉄道のない時代、日本海側を流れる黒潮の道（対馬海流）と太平洋側を流れる黒潮の道（黒潮本流）を、列島中央部で結び合わせることのできる唯一の場所が「けいはんな」であった。琵琶湖と、分水嶺が九五メートルしかない加古川・由良川ラインが結んでくれていた。

しかも大事なことは、太平洋側を流れる黒潮の道には、瀬戸内海から紀の川・櫛田川を経て、伊勢湾にいたるバイパスがあったということである。大和盆地はそのバイパスに接していた。日本政治史上もっとも重要な神社宇佐《うさ》八幡宮と伊勢神宮も、そのバイパスの両端にある。それに加えて「けいはんな」は、木津川や淀川に媒介されて、域内交通が非常に発達した地域であった。それも「けいはんな」が列島交通の中心でありつづけることを支えた。

そして、長く列島交通の中心であったから、商工業が発達し、商工業が発達したから個人主義的な感性が助長された。今なお巷間《こうかん》いわれる京都人の「いけず」ぶりなどは、その証である。そして個人主義が発達すると、人の和を保つのが容易なことではなくなるので、その分だけさまざまな社交の術が発達する。茶の湯などはその典型であった。そして、それが地域の文化的優位性を生み、地域が国の中心でありつづけることを支えたのである。

文化的優位性は軍事的優位性に勝る。宋《そう》滅亡後、明《みん》の一時期を除いて、長く北方の遊牧民族の支配を受けつづけた漢族が、それでも中国社会の主人公でありつづけた一事をみても、それは明らかである。

しかし今、その「けいはんな」の長年守ってきた中心性が揺らいでいる。東京一極集中が進むなか、「けいはんな」は経済的にも文化的にもその流れに呑み込まれ、中心性を喪失しつつある。そして、「けいはんな」が中心性を失うから、この国全体が多様性を失い、モノカルチャー化の悲劇に見舞われつつある。

「けいはんな」よ、今いちど奮起せよ。東京の軛《くびき》から解き放たれよ。これが今回の万博のじつは隠れたテーマなのかもしれない。

そして奮起するためには、他を見て羨《うらや》むよりは、みずからを顧みよ、なのである。

二〇二三年二月

小路田 泰直

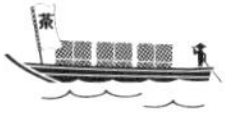

けいはんなRISE歴史・文化講座 01

「けいはんな」から日本史を考える――「茶の道」散歩

2023年3月25日　第1版 第1刷発行

著　者　　小路田 泰直
発行者　　柳町 敬直
発行所　　株式会社 敬文舎
〒160-0023　東京都新宿区西新宿3-3-23
ファミール西新宿405号
電話　03-6302-0699（編集・販売）
URL　http://k-bun.co.jp
印刷・製本　中央精版印刷株式会社

造本には十分注意をしておりますが、万一、乱丁、落丁本などがございましたら、小社宛てにお送りください。送料小社負担にてお取替えいたします。

〈（社）出版者著作権管理機構　委託出版物〉本書の無断複写は著作権法上での例外を除き禁じられています。複写される場合は、そのつど事前に、（社）出版者著作権管理機構（電話：03-5244-5088、FAX：03-5244-5089、e-mail：info@jcopy.or.jp）の許諾を得てください。

©Yasunao Kojita 2023

Printed in Japan ISBN978-4-906822-29-4